JN314806

マダム市川の
癒しの家事セラピー

手間をかけずに
美しい空間づくり

「おしゃれな暮らし方サロン」主宰
市川吉恵

講談社

プロローグ
「おうち」を〝心の安全地帯〟にするために……

外でどんなに嫌なことがあっても、「おうち」に帰れば心癒されて、明日へのエネルギーが湧いてくる。

あなたの家も、ちょっとした工夫でそんなパワースポットに変えることができます。

その「ちょっとした工夫」、それが「癒しの家事セラピー」です。


これは、30年以上主婦をしてきた経験や子育ての体験を基にした、私なりの「家事の仕方」そのものです。

サロネーゼになって16年、その間に2万人以上の方々のご家庭を微力ながら、この「癒しの家事セラピー」をお伝えすることにより、心くつろげる楽しい空間にするお手伝いをしてまいりました。

「家事の仕方」を伝授するからには、さぞや几帳面で完ぺきな人間と思われがちですが、実際の私は、お恥ずかしいほどのドジ、そしてアバウト。

子どものころはお片付けが大の苦手でした。

子ども部屋をシェアしていた自他ともに認める「片付け魔」の姉から「片付けなさい！」と言われないように、何とかうまくその場を逃れることばかり考えていました。

そのころから、「一見きれい、でもよく見ると……」「手間をかけずに、きれいに見える」といったテクニックを身につけていったように思います。

そんな私が16年ほど前から「ハウスキーピング」＆「気楽なおもてなし」のサロンを始めました。

本当に人生、どう展開していくか、わからないものです。

「癒しの家事セラピー」がつくる空間は、「居心地の良いネスト（巣）」。

小鳥たちがヒナを守るため、「巣づくり」をするように、家族みんなが安心し、心の傷を癒して明日へのエネルギーを蓄えられる、あなたの家を、そんな〝心の安全地帯〟に変身させる方法をお伝えいたします。

けっして、整理収納が完ぺきで、きれいに掃除が行き届いていることが「ネストづくり」に必要不可欠なことではありません。むしろ、完ぺきでないほうが、人は癒されます。

この本を読み終えられた時に、ハウスキーピングのハウツーだけではない、〝心の安全地帯〟のつくり方が、みなさまに印象深く伝わっていることを心より願っております。

本書は、私の自宅のほかにも、子育てが始まったばかりの息子夫婦の家、一人暮らしの姪の家も実例として紹介しています。

肩の力を抜いて楽しく、癒しの空間づくりを今から始めてみませんか？

もくじ

マダム市川の癒しの家事セラピー　手間をかけずに美しい空間づくり

Lesson 4　癒しの空間づくり　101

Lesson 1
整理収納　基礎編

どのお宅にも使える
整理収納3つのステップ

狭いとあきらめていませんか？

～40平米から始まった私の新婚生活

結婚して、三十有余年。今のマンションが7軒目になります。

前の一戸建ての家に15年住んでいたことを考えると、3～4年に一回ぐらいのペースで引っ越しをしていたわけです。

結婚してすぐの住居は、夫が住んでいた40平米程の2DKのマンションでした。

そこで息子が生まれました。歩行器に乗って動き回るようになったころのことです。名前を呼んでも来ないのでどうしたのかしら？　と見ると、歩行器が壁とダイニングテーブルに挟まれて動けない状態になっていました。

もともと日当たりもあまりよくない部屋でしたので、それを機に引っ越すことにしました。そして移り住んだのが70平米程の3LDKのマンション。あこがれのオーブンも付いて、リビング・ダイニングは10畳もあって、当時の私たちには理想の空間でした。

引っ越ししてほどなく、娘が生まれました。リビング・ダイニングにベビーベッドを置いて、いつでも見られるようにしていました。ベビーベッドがあっても違和感がないように、それなりにベッド回りを可愛く演出して暮らしていました。公園帰りにママ友が急に立ち寄っても、「市川さんのお宅って、いつもきれいねぇ～」とは言ってもらえるぐらいに。

当時を思い出すと、年子《としご》の兄妹を育てるのは毎日が戦争状態。あっちで太鼓をたたけば、こちらで笛を吹く。目を離すと、ダイニングテーブルから1リットルの牛乳が音を立ててこぼれている……。

その後、70平米程のマンションを購入したり、夫の仕事の都合で茨城県の小さな街の小さな家に住んだり、90平米程の一戸建てに住んだりと、現在の住まいの前の一戸建てに引っ越すまで、子どもたちの成長とともに、いろいろな家に住んでまいりました。

今から16年前この仕事を始めようと思った時、まずしたことは、今までどうやって自分

今となっては懐かしい、
子育てに毎日追われていたころ

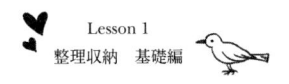

なりに家の中をきれいにしてきたのかしら？　と振り返って考えてみることでした。

するとと、無意識のうちに、これからお話しする「整理収納3つのステップ」を実践し、家事をシステム化していたことに気がつきました。

「整理収納3つのステップ」とは、「**ステップ1　要・不要チェック**」「**ステップ2　収納場所を決める**」「**ステップ3　入れ方を決める**」。

「整理収納」と一言で言っても、家の大きさ・収納場所・家族構成などで千差万別です。

でも、この「3つのステップ」は、どんなお宅にも当てはまります。

それは、長年これを実践してきた、この私が証明です。

整理収納3つのステップ

step 1
要・不要
チェック

step 2
収納場所を
決める

step 3
入れ方を
決める

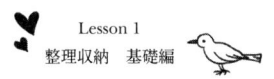

整理収納はスキマ時間を利用して

「整理収納3つのステップ」をスタートする前に、大切な心得があります。家の中のシステム作り、これは、やり始めると結構はまるんです。でも、一度にやってしまおう！と歯を食いしばるまでがんばってしまうと、後が続きません。気長に少しずつするのが、遠いようで結局は近道！「急がば回れ」精神が大切です。主婦というのは、なかなか自分の時間が持てないものです。何をするにも、家族の時間と照らし合わせながら、ちょっとしたスキマ時間を使っていかないと、自分のしたいことをすることは難しいもの。たとえば、今日は洋服ダンスの整理をするぞ～、と張り切って、まずはタンスの中のものをすべて出して、「要・不要チェック」を始めます。この時、「この洋服って、あの時に着たのよねぇ～」と思い出にふけってみたり、「あら、これってまだ結構似合うじゃない♪」「ダメだわ～、やっぱりダイエットしないとねぇ～」と反省をしてみたり……。そんなことをしていると、すぐに夕食の支度の時間になってしまいます。

とりあえず、山のように積み上げられた洋服たちをタンスの中に押し込んで……。そんなことをしていると、かえって前のほうが片付いていたわ……ということになりかねません。**スキマ時間を利用して、少しずつシステムを作る**ことをおすすめします。タンスの整理なら、今日はタンスの上の引き出しの中だけ。時間にして、どんなに長くても2時間まで。「まだやりたいなぁ〜」というぐらいでやめておくのが、長続きする秘訣です。

今のご自宅の状況にもよりますが、「半年くらいかけて、理想の空間ができればいいわ」くらいの緩い気持ちで少しずつ実践すると、途中で挫折することなく、このシステムを作り上げていくことができます。

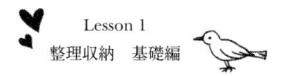

ステップ1　要・不要チェック①

誰もがはまる3つの禁句

「要・不要チェック」を一言でいえば、「ものを処分しましょう！」ということです。言うのは簡単、でも実際にものを処分するにはかなりの「思い切り」と「エネルギー」が必要です。世の中、ものを処分できない方のほうが圧倒的に多いようです。私のサロンにいらしてくださる生徒さんたちは、かなり意識の高い方たちだと思うのですが、それでもやはり処分できずに困っている方がほとんどです。そんな方たちに、「ものは思い切って処分しましょう！」というお話をすると、返ってくる言葉はいつも決まっています。「でも……、これから使うかもしれないし、もったいないわぁ～、とりあえず取っておきます」。このだれもが口にしそうな言葉の中に、じつは3つの禁句が隠されています。

それは、「**これから使うかも**」「**もったいない**」「**とりあえず**」。

ものの処分は「過去形」で

「これから使うかも」。これって、未来形で考えていますよね。未来形で考えると、どんな小さなもの、たとえば「かまぼこの板」1枚ですら処分できなくなってしまいます。「もしかして、このかまぼこの板を、家具がガタガタした時にス～ッと入れたらピタッとおさまるかもしれない……」。これからあるか・ないかわからない未来のことを基準にしていると、ものは処分できなくなってしまいます。ものを処分する時には、「過去形」で考えるのが大切です。私は過去3年を基準に考えています。過去3年着なかったもの・使わなかったものは一応処分の対象にしています。

でも、なんでも例外があるのが世の常。「たしかにこの3年使っていないけれど……、でも処分するのはちょっと思いきれないわ」というもの、私にもあります。そんな時には、そのものに**1年の「執行猶予」**を与えることにしています。晴れて執行猶予期間が明けて、それまでやはり一度も使わなかったものは、これからもほぼ絶対に使わないので、処分しましょう。

ステップ1　要・不要チェック②

今の生活でいちばん何が大切か？

今の生活に何が必要で、何が不要かを見極めるには、かなり思い切りが必要です。生来、「男のような性格」の私はいつも潔く、それをしてきました。傍《はた》からそれを見ている夫のほうが「本当にそれ、いらないの？」。挙げ句の果てには「僕もいつか『不要』の烙印《らくいん》が押されるのかなぁ？」と不安そうな顔に……。

ＤＮＡとは怖いもので、父も思い切りのいい母に、同じようなセリフを言っていました。私の母は大正14年生まれ。そのころの人の特徴として、「ものが処分できない」という共通点があるようですが、母に関してそれは当てはまりません。その昔、嫁入り道具で持ってきた総桐のタンスも、スペースがないからと処分したことがありました。もちろん処分はそれだけでは終わりませんでしたけれど……。

その血を受け継いだ私も、今までにライフスタイルに合わないと思ったものを、思い切って処分してきました。70平米のマンションに暮らしていたころ、子どもたちは幼稚園や小学校の低学年でした。どう考えても、一部屋をキングサイズのベッドが占めていることが我が家のネックだと思い、すぐにベッドを処分して、子どもたちが遊ぶ場所を確保しました。夜になると、ベッドパッドを敷いて、その上にシーツをかけて寝ていました。

「かたいところに寝るほうが、体にはいいんですって！」「そうかなぁ？」という夫に、「大丈夫、あなたは自家製ふとんがばっちり体についているから」となだめつつ、そんな生活が10年以上続きました。私たちがめでたくベッドで寝られるようになったのは、現在の住まいの前の家に引っ越した時からです。

ものを捨てる時は潔く、が肝心。今の生活でいちばん、何が大切かを考えることが大事です。

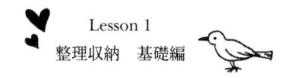

ステップ1　要・不要チェック③

「もったいない精神」は捨てる

だれもが処分できない大きな要因。

それはこの「もったいない精神」にあると思います。たしかに形ある・まだ使えるものを処分することには罪悪感があります。でも、「もったいない」の言葉のもと、何もかも取っておくと、じつは4つのもったいないをしていることにお気づきですか?

1番目のもったいないは、必要とする人に差し上げたら死蔵品にならなかったかも、という「もったいない」。いただきものをした時のことを思い出してみてください。「これって、趣味も違うし使わないかも……、でももったいないから一応取っておこうかしら」。それが積もり積もると、奥のほうにしまったものは引っ越しでもない限り、死ぬまでお目にかからないと言っても言い過ぎではないと思います。もしかしたら、バザーに出したら売れたかも……。だれかに便利に使ってもらえたかもしれない、と考えるともったいないですね。

2番目の「もったいない」は、その使いもしないものによって占められたスペース。死蔵品のために家賃を払うのは、もったいないですよね。

3番目の「もったいない」は、家の中にいるもの・いらないものが混在していると、「あれはあそこに入れて、あれはあっちに入れたわよねぇ？」と自分の頭の中で、家の中で増殖したものたちをコントロールしなければならない、そのエネルギーこそ私はもったいないと思ってしまいます。

4番目の「もったいない」。これは、時間です。家の中が片付いていないと、捜しものの時間が増えてしまいます。そんなふうに考えると、今まで「もったいないから」とものを処分できなかった方も、180度考え方を変えて、ものを処分するほうにスイッチが入るのではないでしょうか？

また、「とりあえず取っておく」。これも、ものを処分する時に、必ず頭をよぎる言葉です。でも、私の経験上、とりあえず取っておいて役に立ったものはほとんどありません。もし**「とりあえず」という言葉が頭をよぎったら、イコール不要**だなと思って、思い切って処分しましょう。

ステップ1　要・不要チェック④

自分が変わることを想定しない

いるもの・いらないものを仕分けしている時、「あら、これもちょっと直せば使えるわ」と思うこと、よくありませんか？

でも、ちょっと考えてみてください。今まで何年もそのまま直さず、ほったらかしになっていたのに、急に人が変わったように、まめになって直して使う。ちょっと無理がありませんか？　「処分」しようと思い切る勇気がなくて、ついそんな自分を想定しがちになるものです。でも、それって結局「処分する」という行為から逃げているだけではないでしょうか？

それまで、**存在さえ忘れて、何の不自由もなく生活していたものは、この際思い切って処分しましょう**。

「処分」する時には、「思い切る勇気」＆「処分の基準」が必要になります。処分の基準を「まだ使える」に置くと、結局使わないものをため込むことになります。「まだ使える」ではなく「まだ使う」に基準を置くと、ものはスッキリと整理されてきます。

自分が変わることを想定しないで、今のままの自分が快適に生活することを優先に考えましょう。

余ったものは処分。これはほんの一部。

生徒さん対象の「いる・いらん会」の品。

ます。そんな母でも、リフォームもできず、どなたかに差し上げるのもちょっと抵抗があるものだけ、お清めの塩をして、ゴミの日に出すというのが私たちの「処分」の方法です。いつもはこのように細々としている「いる・いらん会」ですが、一戸建てから現在のマンションに引っ越す時には、生徒さんたちにお声掛けをして、整理券が出るほど大々的に開催しました。現在のマンションは、それまでに比べて、居住スペースは3分の2。収納スペースに至っては目も当てられないほど少なくなってしまいました。そこで、思い切って、あってもいいけどなくてもいい、でも私にとってはそれぞれ思い入れのある品々を、思い切って処分することにしました。**入れる場所はリフォームでもしない限り、増えることはありません**。でもものはちょっと気を許すと、どんどん増えてしまいます。入れる場所に見合ったものだけにするように、時々お友達やご近所の方たちで「いる・いらん会」をなさってみてはいかがでしょうか？

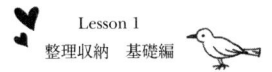

Column
いる・いらん会のススメ

今まで、「処分・処分」と何回も繰り返して書いてきましたけれど、**処分とは捨てることではありません。自分の目の前からなくすということです**。それにはいろいろな方法があります。あくまでも捨てるのは最終的な処分の方法です。そこで、私の処分の仕方をご参考までに紹介させていただきます。私は定期的に、「いる・いらん会」を開催しています。これは大げさなものではなく、年に2回ほど衣替えの時期に母と姉の3人で細々としているものです。着なくなった洋服や見飽きてしまった飾りもの、なんとなく使わなくなった食器など、不要なものを母の家に持ち寄って交換会をします。その時、唯一の掟《おきて》は「いったん出したら、引っ込めない」。私が着なくなった洋服を姉が着たら素敵で、「あぁ〜、まだあげるんじゃなかったぁ〜」と思って地団太を踏んでも後の祭り。

私も姉もお裁縫はまったくダメ。でも87歳になる母は大の裁縫好き。「いる・いらん会」で手に入れた洋服をいろいろとリフォームして、私たちを驚かせるのが母のお楽しみになってい

ステップ2　収納場所を決める①

どんなものにも指定席を

必要なものだけになったら、次に取りかかるのは、入れる場所を決めることです。ベストの場所が決まると、出しっぱなしを防ぐことができます。

たとえばご主人が帰宅して、まずリビング・ダイニングへ直行。背広の上着はダイニングの椅子にかけ、ズボンのポケットからもぞもぞと小物たちを取り出してダイニングテーブルへ置き、その後はズボンを脱ぎ、脱皮が始まる。その度に、「そこで脱がないで！いろんなものをテーブルの上に置かないで！」と目を三角にして叫ぶよりも、ご主人がいつも脱皮を始める近くに、ご主人専用のコーナーを作ってしまうほうが、家庭も平和というものです。これは、ご主人に限らず、自分自身や子どもたちにも当てはまります。外出先から帰宅したあと、鍵、時計、携帯電話、ハンカチ、ティッシュ、または、郵便ポストに入っていた郵便物など、ものが所構わず放置される前に、ものの収納場所＝指定席を決めておけばいいのです。

ふだん家の中で使うもので、すぐに迷子になってあちこち捜すのが、何かと出番の多いリモコンやボールペンといった小物たち。全部が携帯電話のように、鳴らせば応えてくれたらどんなにいいかしら？　なんて思ったことありませんか？　でも、たとえ応えてくれなくても、それぞれのものたちに指定席を設けると、その悩みはかなり解消されます。

我が家では、リモコンは可愛いカルトナージュの箱の中。最近、めっきり出番が多くなった老眼鏡は、クリスタルガラスでできたメガネ立て。ボールペンは何ヵ所か、使いそうなところの近くに専用の入れものが。そんな、どこのご家庭にでもある小物たちの一つひとつには、使う場所の近くに指定席を決めると、主婦だけではなく家族全員がすぐに戻すような習慣がついてきます。

でも、ここでも例外はつきもの。わかっちゃいるけど戻さない。そんな時には、気がついた人がそっと戻しておく。「なんで戻さないの！」と目くじらを立てるより、優しく黙って戻しておく。そんな優しさって、毎日の生活をしていくうえで、大切なことに思えます。何かとうっかりミスの多い私。決めたところにものが戻っていなくて、家の中を「メガネく〜ん！」と言いながら、捜し回ることもしばしば。そんな時、笑みを浮かべながら一緒に捜してくれる夫に感謝感謝の毎日です。

リモコンは可愛い小物入れの中が〝指定席〟。

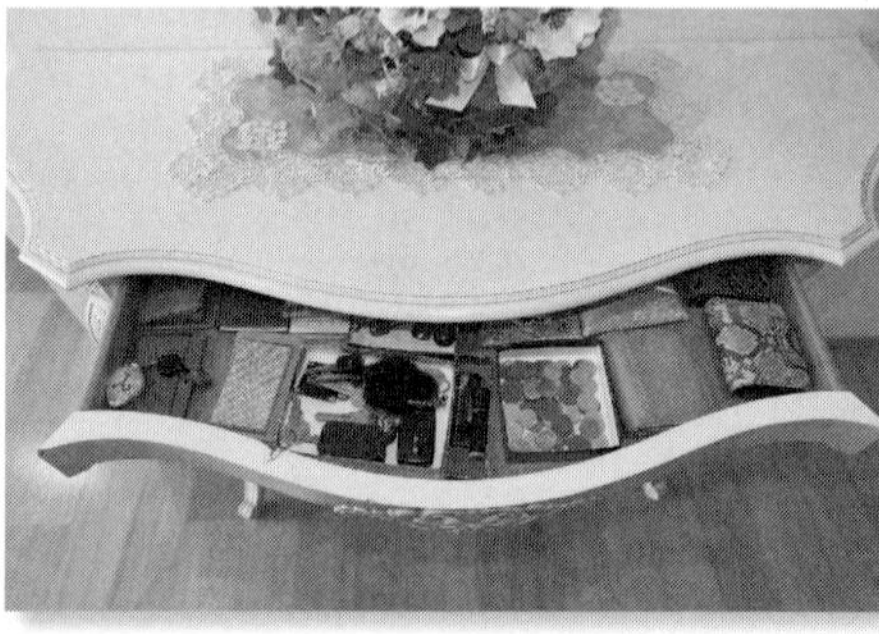

ものの置きっぱなしは、指定席を決めてしまえば防ぐことができます。我が家は玄関のコンソールにハンカチ、ティッシュ、鍵、時計ほか、外出時に必ず持っていくものを置いています。帰宅後はカバンからすべて取り出し、また元の位置へ。

ステップ2　収納場所を決める②

使用頻度別に収納場所を決める

入れる場所が決まったら、今度は細かく、その場所のどこに何を置くかを決めます。同じ入れものの中でも、使いやすい場所やちょっと使いにくい、届きにくい場所があります。それを、使用頻度を考えて、どの場所に置くかを決めていきます。

①毎日使うものは、いちばん見やすく手が届きやすい「目線」の場所
②時々使うものは、手を伸ばしたり、しゃがんだりする場所
③年に何回かしか使わないものは、踏み台を使わなければ届かないような場所

これだけのことで、使い勝手は驚くほどよくなります。大切なのは、家族にとって必要な量を決め、次にそれに見合った入れものを決めて、それ以上増えていくようだったら、古くなったものから捨てること。ものは油断をすると、すぐに増えていってしまいます。でも、それを入れておくスペースは、増えてはいきません。これが家の中をもので溢れさせない鉄則です。

嵐も過ぎ去り、母娘水入らずでの海外旅行。

私。冷静さを取り戻して客観的に自分を見つめなおすために、一晩家を離れてホテルに泊まることにしました。私がいなかった間に、息子が娘にいろいろとアドバイスをして、娘は悩みの種になっていた部活を辞める覚悟ができたようです。その後、すっかり心を入れ替え、彼女なりに受験勉強にも取り組み、希望の大学に進むことができました。思春期の子どもたちに嵐が吹き荒れていた時は、どうなることかと心配しました。でも、心の底では「この子たちは必ず自分から正しい方向を選び、進んでいくに違いない」と信じていました。それは私なりに精一杯、家族みんなが楽しく、心休まる「ネストづくり」をしてきたという自負があったからかもしれません。子育てが終わって思うことは、どんな時でも、優しく受け入れてくれるところがある、居心地のいい「ネスト」があれば、ちょっと方向を見失いそうになっても、大幅に道に迷うことはないということです。

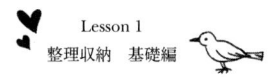

Column
思春期の嵐も乗り越えられる「あったかネスト」

一人暮らしでも、夫婦二人でも、大家族でも、どんなシチュエーションでも、ホッとできる「ネスト（巣）」があれば、心の傷を癒し、明日へのパワーを充電することができます。今は社会人になった二人の子どもを育てている時にも、心の「ネスト」があることが子どもの成長にとって、どんなに大切なことなのかを実感しました。息子は高校生の時、学校へ行くのが苦痛でした。不登校まではいきませんでしたが、出席日数は留年ぎりぎり。「学校では居場所がないんだなぁ〜」と思った私。せめて家だけは楽しくしようと、学校へ行けとは言わず、楽しい雰囲気を作るように心がけました。「あのころ、学校へ行けとは言わないでそのままを受け入れてくれたのは、本当にありがたかったよ」と、最近になって当時を振り返りしみじみと語る息子です。一方、娘は中高一貫教育の学校へ通っていました。中学から高校へ進学するころ、友達とのトラブルなどから成績は超低迷。家での態度も日増しに反抗的になっていきました。そんな娘を見て、思わず手に持っていたタオルで顔を叩いてしまった

ステップ3　入れ方を決める

「簡単」がキーワード

「収納」と言うと、いかに美しく「納めるか」に重点を置きがちです。

でも実際には、見とれるほど美しく収納されていても、出し入れが大変だと結局続かなくなって、またまた元の状態に戻ってしまいます。

そこで、出し入れができるだけ簡単な収納にすることが、手をかけずにいつでもきれいを保つポイントになります。たとえば、どこのお宅にもたまりがちなスーパーの袋。つい結んで所定の場所へ……。そんな収納をしている方も多いのでは？　これってじつは次に使う時に、思ったような大きさではなかったり、穴があいていて使えなかったりと、トータルで考えると、かえって時間がかかってしまいます。それに、かさばるので場所も取ってしまいます。私は次に使う時のことを考えて、２つのルールを作っています。

必要な量が入る入れものを決めて、

1．入れものの手前には３Ｌサイズの大きめの袋（我が家のゴミ箱に引っ掛かけるのにぴったりサイズ）。奥には少し小さめの２Ｌサイズの袋（お料理をする時に引き出しに引っ掛

けて使うのに便利）。

2. 入れものの左側には穴のあいていない袋・右側には少しだけ穴があいていても使えそうな袋。

このように入っていると、使う時には見ないでも必要なものを取り出すことができます。

入れものに入りきらないほどになったら、右側の袋から捨てていきます。

自分の必要量を決め、それ以上になったら処分する。

これが、家の中をいつも物で溢れさせない鉄則だと思います。

空気をしっかり抜き、入れものに合わせてたたむ。

持ち手を残して、まず半分にたたむ。

さらに半分にたたみ、最後の持ち手の部分を折る。

持ち手の方向に揃えて、入れものに収める。

家の中のシステムづくりには、たくさんのご褒美が！

1．時間のご褒美

今までお話をした「整理収納3つのステップ」は、一言で言うと、「家の中のお片付けのシステムづくり」。いったんこれができてしまうと、後はそれをキープしていくだけなので、短時間で家の中を片付けることができます。

私を例にお話をすると、朝の9時ごろから家の中の片付け・簡単な掃除・洗濯と一連の家事にかかる時間は、せいぜい1時間。10時には家の中はスッキリと片付いています。子どもも育った今、夫との晩御飯の支度をする18時ごろまでは、まったく主婦とは別の顔ができます。

一日一日の積み重ねが、一生につながると考えると、この「システムづくり」をすることで、人生2倍・3倍楽しめるのではないかしら？　と最近つくづく思います。

「システムづくり」をなさることによって、短時間で家事から解放され、たくさんの自由な時間を手に入れることができるんです♪

2. 達成感のご褒美

主婦業に魅力がないところがあるとしたら……、それは「達成感」を感じにくいところではないでしょうか？　外で仕事をすれば給料として、目に見える形であなたの努力は「形」となって返ってきます。でも、そうはいかないのが、毎日の家事。

「ママありがとう！」なんて、言葉に出して言ってもらえるのは、年に一回の母の日くらい。してあげて当たり前……、しなければ、そのままツケが後で回ってくるだけです。

子どもたちが小さかったころ、子どもがいない間に家の中の掃除をして、きれいになった部屋の中で温かいミルクティを飲みながら、ホッと一息ついて自分の時間を楽しんでいると……「ただいまぁ～」と友達と一緒に子どもが帰ってきたものです。家の中をおもちゃを片手に元気に走り回ると、あっという間に、おもちゃ箱をひっくり返したような状態に……。いったい、私の午前中のがんばりは何だったのかしら？

結婚して数年は、お料理の本を片手に一時間以上かけて晩御飯の支度をしたものです。みんなで食卓を囲んで、「おいしいね」という言葉と、ほぼ同時にお皿の中は空っぽ。後は、汚れたお皿やテーブルの上の片付けだけ。「ゴンべが種まきゃ、カラスがほじくる」みたいなところがあるのが、毎日の家事ではないでしょうか？

でも、この3つのステップを使って整理収納をシステム化していくと、目に見える形でどんどん片付いていきます。

後の章で詳しくお話をさせていただきますが、たとえば冷蔵庫の中も「3つのステップ」できれいになります。これを身につけた当時は、冷蔵庫を開けるたびに、「あぁ〜、きれい。見とれちゃうわ♪」、さらに野菜室の片付けをした時には、思わず近くで新聞を読んでいた夫を呼んで、「ねぇ〜、見て見て、やっぱり私って天才なのかしら？」なんておめでたい発言をしたものです。

このシステムづくりができると、目に見えて家の中が片付いてくるので、毎日の家事が、俄然楽しくなってくることと思います。

▌短時間で家事から解放されて、自由時間を謳歌しています！

▌息子夫婦の家のリビング。

ラボのハウスキーピングサロン」が誕生しました。サロンを始めてほどなくして妊娠。でもすでに、息子宅もこのシステムが出来上がっていたので、つわりがひどい時でも、家の中はいつも整然と片付いていました。今は、子育てをしながらのサロンですけれど、子ども向けに家の中のレイアウトを変え、リビングにおもちゃが出ていても、それなりに可愛らしく演出して暮らしています。私が子育て中でも何とかきれいに暮らしていられたのも、「3つのステップ」を実行していたおかげでした。今はそれを嫁が実践しています。「子どもが小さいからうちは片付かないの……」という方の家を、お子さんが大きくなってから訪ねても、きれいに暮らしているお宅は今のところ見たことがありません。

Column
嫁が証明です！

私たちが今のマンションに引っ越す前日、段ボール箱がうずたかく積み上げられているところへ、息子からの電話が……。「じつは僕たちも、同じマンションに引っ越そうかと思って。同じマンションなら、すぐに会えるし孫でも生まれたらきっと楽しいよ」という言葉に、夫も私もすっかり喜んで、思いがけなく同じマンションに住むことになりました。もともと家の中をきれいにするのが得意な嫁。ある日、自宅にテレビの取材が入って、息子たちの部屋も映ることになりました。インタビュアーの「お嫁さんもお義母さんのように、サロネーゼになりたいですか？」との質問に「はい！」ときっぱり即答する嫁を見て、そうだったのね～と。そんなことがきっかけで、サロネーゼデビューをした嫁。サロンを始める前、私のレッスンをすべて受講し、なおかつ私の指導のもと、「ここはこんなふうにしたらデッドスペースがなくなるんじゃないかしら？」「黒いコードはこんなふうに隠したら、生活臭がでなくなるわよ」などというアドバイスを素直に受け入れて、「一度で二度おいしい、嫁とコ

Lesson 2

整理収納　実践編

まずは玄関から始めましょう

まず始めに取りかかりたい場所は、やはり靴箱。靴箱の中って、本当にはく靴以外に、いろいろなものが入っていませんか？　一度、中のものをすべて取り出して、「要・不要チェック」をしてみましょう。「普段よくはく靴」「洋服の色に合わせて、時々はくおしゃれな靴」「買ってはみたものの、はいて歩いてみたら、裸足でかけだしたくなるようにはき心地が悪い靴」ありませんか？　私にも身におぼえがあります。「パーティードレスに合わせて、ちょっとはきにくいけれど買ってしまった靴」。結局、一回しかはかず、靴箱の中で永遠のお休みに。

我が家の靴箱は、けっして大きくないので、はきもしない靴を入れる余裕はありません。そんな時、意を決してしなければいけないのが「処分」。しかし、まだろくにはいてもいない、新品同様の靴を処分するには、かなりの罪悪感と思い切りが必要です。どうしても、罪悪感を解消できない方は、「靴の病院」に持っていくという手があります。ネットで調べたら出てくるかと思います。そこで見てもらい、直せないようだったら、あきらめもつくというもの。気分が悪くなるほどはき心地の悪い靴をはいていると、「靴の病院」じゃなくて、自分が「病院行き」になってしまいますよね。

他に靴箱から出てくる不用品の代表格は、「カチカチになった靴クリーム」「使わなくなった子どものお砂場道具」「ちぎれてしまった縄跳び」など……。もしそんなものがあったら、処分しましょう。

比較的、同じようなデザインのものが多い男性の靴。本当にオシャレな方は、いろいろとデザインが微妙に違う靴を楽しまれると思いますが、夫はオシャレにはまったく無頓着。どの靴も、お世辞にも格好いいとは言えないのですが、紳士靴は大きいので格好が悪い靴といえども靴箱の中で占めるスペースは結構なものになります。そこで、夫には「一足買ったら一足捨てる」というルールを作って、本人もそれに抵抗することなく、従ってくれています。靴を買った時には、その場で靴の箱は断るということも。

そんな夫とは対照的に、オシャレが大好きな私。いろいろなデザインや色の靴が欲しい気持ちは山々なのですが、スペースを考えてどんな洋服にも合う白、ベージュ、黒、茶色など基本色を何パターンか揃えています。スペースに見合っただけの量にするというのは、いつも片付いた家づくりをする時の鉄則です。

玄関にあると便利なもの、総動員！

収納は「量」より「質」が大切です。今から30年近く前、初めて夢のマイホームを購入しました。約70平米のファミリータイプのマンションです。当時のマンションは今とは違って、居住スペースをいかに多くとるかということに力点を置いて造られていて、収納場所は、今どきのマンションに比べて、あまり考えられていないというのが現状でした。収納量が限られたなか、使いやすい収納にするためには「質」を高めるしかない、と考えた私。生活の動線に沿ったところに、小さくても使いやすい収納箇所を設けることにしました。靴箱の扉の裏に、鍵をかけるところを作る。玄関脇にあったクローゼットの中に小さな引き出しを入れて、そこには出かける時に必要なお財布・ティッシュ・子どもたちや夫のハンカチ・宅配便が来たら必要な印鑑・クリーニング屋さんのノート・小銭などを入れていました。帰宅するとバッグの中のものをその場で整理、その後お化粧ポーチは洗面所へ、その日使ったハンカチは洗面所の洗濯かごへ……。バッグを元に戻す時にはバッグの中は空っぽ。出かける時にはその反対をする。忘れものがもともと多い私は、今もこの方法のおかげで何とか快適な日常を送ることができています。

現在は正面にあるコンソールに、玄関にあると便利なものを収納しています。一見収納家具に見えないものを購入。出かける時の忘れもの防止に役立っています。印鑑や小銭などもこちらへ収納。

靴磨きって、必要かしら？

ところで、ご主人やご自分の靴って磨いていらっしゃいますか？　自慢じゃありませんけど、この私、以前靴を磨いたのは……記憶にないぐらい昔のことです。

私がまだ子どもだったころの昭和30年代。舗装された道路は、大通りだけ。家の前の道などは、雨が降るとぬかるみと化しました。長靴をはいて、水たまりにわざと入ってみたり、水しぶきを上げたり、道路の泥で遊んだり……。考えてみれば、車の心配もないよい時代でした。最近はどこの道路も舗装してあります。雨だからといって、ぬかるみができるわけでもなし。靴が泥んこになることもありません。

オシャレとはまったく無縁の夫の靴は、ほとんどいつもスニーカー、ということもあって、いつのころからか靴磨きをしない女になっていました。私自身の靴も、汚れていると感じたことは、ほとんどありません。これは大雑把な性格の影響も大きいのかもしれませんが、**自分でしなくてもいいかしら？　と思った家事は極力しないことにしています。**

そんなわけで、我が家には靴磨きのクリームやブラシなどはありません。汚れが気になった時には、そっとティッシュで拭き取るぐらいです。

靴箱収納は上から３段目の、通販「ディノス」で購入したものが優秀。10セットで3570円とお高めですが、出し入れがラクです。

生活臭のしないリビングづくり

生活感と生活臭は違います。同じような響きを持つ2つの言葉ですが、私はこれを分けて考えています。

住宅展示場へ行くのが、昔から大好きでした。子どもたちが小さかったころ、春の連休はいつも展示場めぐり。風船やお菓子、植木鉢などをもらってよろこぶ子どもたち。いつか家を建てる時の参考にと、嬉々《きき》としてパンフレットを集める私。しぶしぶお付き合いでついてきた夫。でも、いつもモデルハウスに入ると、嘘っぽい冷たさを感じていました。当たり前ですが、そこには住む人たちの温かさが感じられません。

ただの箱だった空間に、そこで生活する人の「息吹」が吹き込まれ、初めて居心地のよいネストへと変身するのだと思います。**その息吹こそが「生活感」**だと以前から思っていました。

それに対して「生活臭」は、たとえばリビングなどパブリックスペースに先ほどまで読んでいた新聞、リモコンなどの日用品が、そのまま出しっぱなしになっている状態。そこから感じるものは温かさではなく、だらしなさ。**生活をしていくうえでの「だらしなさ」**

が生活臭なのではないかと思います。

日常生活の必需品には、出しておいて見とれるようなものは、あまりありません。

そこで我が家では、日用品をできるだけ見えない所に収納してしまう「生活臭」の出ない空間づくりを心掛けています。たとえば、テレビ・新聞・化粧道具などは、次ページの写真のように収納しています。テレビは扉の付いたテレビ用の収納ボックスに。新聞はその日の分だけリビングの一見わからないところに指定席があります（新聞は翌日になるとただの紙。我が家は紙になった新聞は翌日処分しています）。毎日使う化粧道具や、時々使う裁縫セットは、生徒さんが作ってくれたかわいいカトルナージュの箱の中へ。

また、本棚や飾り戸棚というものは、扉がないと埃がたまり、掃除の手間が増え、部屋もスッキリしません。

本棚の場合、見た目がおしゃれな洋書などがずらりと並んでいれば別ですが、サイズもデザインもばらばらな本や料理雑誌が並んでいるのがふつうです。もしこれから本棚を購入する、もしくは家をリフォームされる方には、丸出しの本棚よりも、扉付きをおすすめします（次ページ写真参照）。

テレビ

扉の付いたテレビ台は、生活臭を消すことができます。白なら圧迫感がありません。

新聞

新聞はテレビ台の下の引き出しが当座の指定席。翌日には処分しています。

化粧道具

我が家には場所をとるメイク専用のドレッサーはありません。きれいな箱に収納して、中身をさっと取り出せば、リビングのどこででもメイクできます。そのまま入れず、無印良品の収納ボックスと鏡がセットになったものに小分けにしています。

本棚

狭い夫婦の書斎の本棚は圧迫感があり、また、生活臭まる出しのプリンターの下のゴミ箱も気になっていたので、思い切って隠すリフォームを施しました。本棚の扉は鏡張りにして広さを演出。椅子もテイストが違っていたのでインターネットで似合うものを見つけ購入しました。

▍まだ「うぶ」だった、あのころの私

ある間は少し乾かしてから)、洗濯ものは洗濯かごへ……。そんな夫でしたが、私に協力しようという気持ちはもともとあったので、次第に真綿で首を絞めるように、やんわりと毎日、教育していった結果、結婚30年以上経った今では、私が疲れていると洗いものはしてくれますし、洗濯もお手のもの。風呂掃除に至っては、他の人に伝授するまでに成長しました。家の中を、時間をかけずに、いつもきれいにしておくには、家族の協力、とくに夫の協力は不可欠です。「ローマは一日にしてならず」。長く時間をかけて、相手の反感を買わないようにしながら、時にはほめ称えて教育していくことが肝心のようです。

Column
夫の教育は一日にしてならず

義理の父は明治生まれ。義母は大正10年生まれ。義父はいわゆる「男子厨房に入るべからず」的な人でした。そんな中で育った夫は、結婚当初、家事を手伝うということを思いつかないようでした。夫の友達を家にお呼びした後、山のように積み上げられた食器を洗い始めると、夫は、「BGMを弾いてあげるね」と、当時はまっていたエレクトーンを弾き出す始末。頭にくるよりも、まだ可愛い新妻だった私の目はだんだん潤み始め、涙がこぼれ落ちました。「何で泣いているの？」と困惑状態の夫。そんなところから、私の夫教育が始まりました。息子の次に娘を身ごもったころから、夫教育に拍車がかかりました。それまでは着ていたものを次々にリビングに脱ぎ捨てていく夫。それをけなげに拾い上げていた私も、たまりかねて、「脱いだものは脱ぎ捨てないでね。拾うの大変なんだから」。すると夫は、「外のゴミ集めに使う『はさむもの』、あれがあればいいねぇ～」「…………」。やがて、二人の子育てに追われるようになると夫は、脱いだものはきちんとクローゼットにかけて（ぬくもりが

そのお鍋、本当に必要ですか？

キッチンにたくさんのお鍋やボウルが積まれていても、結局使いやすい上のほうの2〜3個を使い回しているっていうこと、ありませんか？

私はほとんどの料理を、深くて大きめのフライパン一つでやってしまいます。たとえばホウレンソウなどを茹でるのも、洗った後に軽く水を切って、根っこの部分と葉の部分を交互に入れて蓋をします（その時に使う水は、洗った時についたものだけです）。下のほうの葉に軽く火が通ったら、箸でひっくり返して後は様子を見ながら軽く混ぜて火の通りを均一にし、固めに茹で上げて、冷水で色止めをします。フライパンは茹でる時にも、炒める時にも、焼く時にも使えて、まさに調理道具の万能選手。他には、スープを作ったりパスタを茹でる深めの鍋と、少しそれより小さめの鍋。その3つが我が家のすべての鍋たちです。

ケーキもよく焼きますが、お菓子作りのための特別な調理道具は一切ありません。晩御飯の時に使った味噌こしを、今度は粉のふるいに使います。製菓用のヘラなどはなく、しゃもじで代用。「あればいいいな」くらいの調理道具は、「なくてもいい」と思っています。

できるだけ少ない調理道具を上手く活用すると、洗いものも少なくてキッチンの収納もすっきりします。もしたくさんの使わない調理道具に囲まれている方がいらしたら、ぜひこれを機会に、一度見直してみてはいかがでしょうか？　思い切って少なくすると、かえって使い勝手がよくなりますよ。

ほとんどの料理を深くて大きめのフライパン一つでやってしまいます。キッチンにたくさんのお鍋やボウルが積まれていても、結局使いやすいのは上のほうの２～３個。要・不要チェックをして、使用しないものは、思い切って処分してみましょう。

片腕半径の法則

キッチンは基本的に作業場です。そこで、できるだけ無駄な動きをなくし、作業が効率よくできる収納を心がけましょう。たとえば「調理台の前に立った時に必要なものは、片腕を半径にして円を描いた場所」に、すべてその場で使うものが収納されていると動線が短く使いやすいキッチンになります。同じ円の中でも、一番よく使うものは「目線」のところに。時々使うものは「ちょっと手を伸ばしたり、しゃがんだところ」に。年に1回か2回程度しか使わないものは踏み台を持ってくるような、円の中でも「上のほう」に収納します。使用頻度別に収納すると、調理をしたり洗いものをしまったりする時に、ほとんど一歩も動かずに作業をすることができます。キッチンの造りによって、なかなかそうもいかない場合がありますし、我が家のキッチンも、すべてそのようになっているわけではありません。ただ、そのことを踏まえて、できるだけそれに近い収納にすると、調理時間も片付けの時間も俄然短くなります。ぜひ、ご自宅のキッチンを、そのような目で今一度見直してみてください。きっと使いやすいキッチンになることと思います。キッチンが使いやすくなると、お料理することがもっと楽しくなると思いますよ。

しまう収納のススメ

キッチン収納には、大きく分けて2種類あります。「出す収納」と「しまう収納」です。まずは「出す収納」。インテリア雑誌でよく見かける、南フランスの田舎のキッチン。銅鍋など大きなものから順に小さなものへと、きれいに壁に掛けられていたり、お菓子の型も飾ってあったり……。素敵だなぁ〜と、どんなに憧れたことか。

でも、実際にあれを我が家に取り入れるとなるとどうでしょう。てんぷらをした時に飾られた銅鍋に油が飛んだり、そんなに広くないカウンタートップに、いろいろと飾りものや調理道具が置いてあると、調理をする前には、まずそれをどこかに置いて……となり、調理を始めるまでに時間がかかってしまいます。また銅鍋を磨くという作業も加わってしまいます。「まめな性格」の方には、おすすめの収納方法ですが、私のような、生来ズボラな人間には、憧れだけで終わらせておくほうがよさそうです。

新婚当時こんなことがありました。結婚のお祝いに、可愛い「調味料ラック」をいただきました。とても私好みだったので、早速ガス台の横に置くことに。ある日、遊びに来た当時まだ5歳だった姪が不思議そうな顔をして、「ねぇ〜、なんでおばちゃまのおうちって、ビンから毛が生えちゃうの？」「？？？」。姪の視線の先を見ると、例の調味料ラックが。確かに調味料が入った瓶の上に派手に埃がたまっていました。「磨き魔」の異名を持つ、姪の母である私の姉。ピカピカの家から遊びに来た姪には、お料理をするたびに散る油でべったりした表面に埃がたまって、ビンから砂鉄が生えてきたように見えるその様は、確かに毛が生えたように見えたことでしょう。その時、初めて我を知りました。「ズボラな私には、出す収納は合わないんだぁ～」と。

まめに、置いてあるものをふくようなことはできない性格なので、ほとんどすべてのものは収納しています。すると、料理をする時にも場所を確保することもなく、終わった時にも、ものをどけてその辺をふく手間がないので、掃除もとてもラクです。もしあなたが私のような性格の持ち主でいらしたら、しまう収納がおすすめです。

調理台のまわり片腕半径以内の場所に、調味料、調理道具、食材（冷蔵庫）を置くと、手際よく料理することができます。食器洗い乾燥機の振り向けばすぐしまえる位置に食器収納スペースが。

奥のカウンタートップに出ているものは、見て癒されるものだけ。

キッチンのアクセサリーとして、よく使う調味料だけは飾っています。

人前で開けられる冷蔵庫にする

15年ほど住んでいた家のキッチンはセミオープン。お客様から冷蔵庫の中が丸見えになる心配はありませんでした。しかし、オープンキッチンのマンションに引っ越して以来、冷蔵庫の中はすべて一般公開状態。もともと冷蔵庫の中が雑然とすることはめったになかったものの、もらいものが多い季節や、夫が目を輝かせてスーパーで安売りしていた食品などを買ってくると、なんとなく雑然としてしまいます。そこで、人前でもいつも自信を持って開けられる冷蔵庫にするコツを、ここではご紹介したいと思います。

①冷蔵庫の中の「要・不要チェック」

みっちりと詰まった冷蔵庫の奥のほうから、存在を忘れられた食料品が見るも無残な状態になって出てきたりすることって、ありませんか？　私もこれからご紹介する方法を実践する前までは、時々びっくりするように変身した食品とご対面したものです。「要・不要チェック」をする際、大切なことは一段ずつすることです。冷蔵庫の中のものをすべて出してしまうと、それを見るだけで「こんなにたくさんのもの、どうしようかしら？」と精神的にまずガックリきます。それに、そんな時に限って、すぐに切ることができない長電話がかかってきたりして……。まずは一段ずつ中身を出して「要・不要チェック」をします。次は冷蔵庫の一段目だけをきれいにふいて、大丈夫な食品をそこへ仮置きします。一段ずつすると、もし途中で何か別の用事が入ったり疲れてしまったら、そこでやめることもできます。

②どの段に何を入れるかを決める

まだ大丈夫な食品だけになったら、次はどの段に何を入れるかを決めます。その際、目線の付近には、賞味期限ギリギリのものや食べ残したものなど、すぐに食べたほうがいいものを入れます。あまり目につかない下のほうや上のほうには、長期保存のきくものを入れます。

③冷蔵庫用のトレイを使う

冷蔵庫は奥が深いので、一つひとつ入れると、奥に入ってしまったものはつい忘れて、気がついた時には食べられない状態になってしまうことも。それを防ぐためにも、私は冷蔵庫用のトレイを使うことにしています。するとトレイを引き出すだけで、奥のほうまで見ることができるので食べ残しがなくなります。

他にも3点ほどトレイを使う利点があります。1点目は、食品をジャンル別にトレイに入れることによって、たとえば朝はパンにしようかしらと思った時には、パン食用のトレイをテーブルに出せば、すぐに用意ができます。一人で昼食の時には、残りもののトレイを出して……と、トレイを使うことによって食事の用意も早くなります。

2点目は、ジャンル別にすることによって、たとえば急にゼリーなど冷やしたい時に、少しくらい涼しい場所に出しても大丈夫なものが入ったトレイを出して、その空いた場所で冷やすことができます。

3点目は、冷蔵庫掃除がとてもラクになります。もし液だれしても、そのトレイだけを洗えば他が汚れることはありません。このトレイを使った冷蔵庫収納はぜひおすすめです。ただし、ものには必ず長所もあれば短所もあります。冷蔵庫用トレイを使うと、トレイとトレイの間がデッドスペースになって収納量としては、バラバラに入れたほうがたくさん入ります。そこは臨機応変に、年末年始など食料品が多い時期にはトレイは外してお使いになることをおすすめします。

冷蔵庫は7割程度しか入れないほうが冷却効率がよいと言われています。冷蔵庫の中に何が入っているか、いつも頭の中で描ける程度に買い置きすることをおすすめします。冷蔵庫用トレイを使って収納した冷蔵庫は、人前で胸を張って開けることができます。

ちなみに、野菜室にはペットボトルを切って、そこに洗ったパセリや小松菜など葉もの野菜をビニール袋に入れて立てて収納しています。野菜はビニール袋の底に少しだけたまった洗った時の水分を吸収するので、しばらく新鮮な状態が続きます。

奥が深い冷蔵庫は、買ったものを忘れないように、冷蔵庫用トレイを使用。食品をジャンル別に分けています。

野菜室にはペットボトルを切って、そこに洗った葉もの野菜をビニール袋に立てて収納。すぐに食べられて何かと便利です。

その3つのことは、その後の私の人生の指針になりました。子育ては卒業しましたが、後の2つは未だに進行形です。この3つの指針の中でも、いちばん大切に考えているのは、「夫とともに幸せな家庭を作ること」です。それは、すべての基盤になると思うからです。あれから30年、いつもそのことを頭の片隅において、私なりに家族全員が居心地のよい「ネストづくり」を目指してきました。

大きなおなかで、まだよちよち歩きの息子の手を引いていたあのころ、この3つの言葉が頭をよぎりました。

Column
専業主婦は立派なお仕事です

サロンにいらっしゃる生徒さんたちに、いつも最初のレッスンが始まる前に自己紹介をしていただきます。その時、何かお仕事をしている方は、胸を張って、「紅茶のサロンをしています」「フラワーアレンジメントを教えています」などとおっしゃいます。でも、専業主婦の方はちょっと視線も斜め45度に落として、「ただの主婦です」と遠慮がちです。私は、「主婦」はどんな立派な仕事にも負けない、大切な仕事だと考えています。居心地のいい「ネストづくり」は、かけがえのない仕事です。まだ赤ちゃんだった息子をバギーに乗せて公園を歩いていた時、ふと自分がこの世を去る時のことが頭をよぎりました。自分がどうなっていたら、命が終わる時に「あぁ～、満足な人生だった」と思えるかと。その答えは3つ。

- **夫とともに幸せな家庭を作ること**
- **子どもたちをきちんとした社会人に育てること**
- **自分自身、社会と繋がることができるような生きがいを持つこと**

衣類の整理収納～まだ着られるの落とし穴

「タンスのこやし」には、それなりの理由があります。

ご自宅のタンスやクローゼットの中が満杯状態という方。みっちり入った洋服たちは、微動だにできず。どんな洋服があったかすら、記憶のかなたに……。結局、手前にある2～3着の洋服をローテーションで着ている。そんなことはありませんか？

死蔵されてしまった、いわゆる「タンスのこやし」たち。

そうなってしまった主な理由は……。

・なんとなく着にくい
・きつくなっちゃった
・ちょっと派手
・流行遅れ

悲しいことに、ある日突然そんなものが着られるようになったりなんてことは、めったにありません。サイズを直すか、入る人に差し上げるかにしましょう。流行は巡るといっても、10年前の自分は巡ってはきません。本当に着るものだけにして、タンスの中がスッキリすると、中にある洋服たちも動かす余裕ができてきます。すると、たくさん洋服があった以前より、いろいろなファッションを楽しむことができるようになります。

「まだ着られる」ではなく、「まだ着る」を基準に、タンスの中の「要・不要チェック」をしてみましょう。

衣類の要・不要チェック　3つのタイミングとは？

サロンの生徒さんから、「どんな時に要・不要チェックをしたらいいでしょう？」というご質問をよく受けます。

①衣替えの時

私の夢は「衣替えをしなくてもいい収納」。でも、すべての洋服をクローゼットに掛けるだけの余裕がないのが現実です。そこで、年2回の衣替えの時期に、1年の執行猶予中に1回も着なかったものはないかしら？　過去3年着ていなくて、これからも多分着なさそうなものはないかしら？　とクローゼットの中をチェックします。

「要・不要チェック」のために、すべての洋服を床の上に並べて……というのは主婦にとってはあまり現実的ではありません。たとえば、すべてを並べて着たり脱いだりしていると、あっという間に時間が経って、子どもが帰ってきたり、食事の支度の時間になったり……。夫婦と犬一匹の我が家ですら、すべてを床に並べた時点で、犬がその上を飛び回ったり、寝そべったり、挙げ句の果てにおしっこをしてしまったり……と悲劇が起きるのは目に見えています。

そこで、おすすめなのが、「間引き方式」。クローゼットの中の、不要と思われるものを間引きましょう。その際、かなり思い切って本当に着るものだけにスリム化しましょう！

死蔵品の宝庫だったクローゼットが、きっと明るくよみがえりますよ。

②新しい洋服を買った時

好きな洋服って、なんとなく決まっているものです。**新しく買ってきたら、よく似たものので古くなったものを処分したり、今までヨソ行きにしていたものを普段着におろしたりしましょう。**もちろん、古いものをぼろ布として処分したり、捨てることもあります。

③洋服の路線が変わった時

私はこの仕事を始める前は自宅で児童英語を教えていました。子ども相手に、踊ったり、跳ねたり、歌ったりと、動き回っていました。当然のことながら、今のようなロングスカートにトップスなんて、優雅な格好はできません。いつもスパッツに当時好きだった動物柄のセーターやトレーナーなどを着ていました。その仕事をやめて今の仕事に変わった時、洋服の路線がすっかり変わりました。子ども受けする動物柄のセーターは他の英語の先生仲間にあげました。トレーナーやスパッツは普段着に。当時高校生だった息子は、私が髪型を変えてもまったく気づかず、たとえばつるっぱげになって「お帰りなさい！」と出迎えてやっと「ママ、髪形変えたね！」と気づくような、まったく親のファッションなんぞに興味のない子でした。しかし、その息子が、「スパッツって、飛脚みたいだからやめてくれる」とキツイ一言……。そこで、泣く泣くスパッツは処分することにしました。

3つほど、代表的と思われる、「要・不要チェック」のタイミングを挙げてみました。このタイミング、それぞれの方によって、微妙に違うかもしれません。あなたのライフスタイルに合ったタイミングを見つけて、ぜひ思い切ってなさってみてください。

クローゼットの中が、本当に着る洋服だけになったら、あける度に楽しい気分になることと思いますよ。

ハンガーを見直す

一戸建てから今のマンションへ引っ越した時、洋服もかなり思い切って「いる・いらん会」に出したとお話ししましたが、引っ越しが始まって一時間もしないうちに、「奥さ～ん、もう洋服入りませんよ～」と言われて、唖然。たしかにクローゼットの中には、すでにめいっぱい洋服が掛けられていました。そこで、ハンガーをそれまでのお気に入りから、薄手の優秀ハンガー（MAWAユニバーサル）にすべて変えました。するとどうでしょう、今まで1枚しか入らなかった場所に4～5倍の洋服が掛けられるようになりました。ちなみに、コーディネートしやすいように、色別に掛けています。

また、ニットなどは折りたたむのが面倒ですし、たたむ収納はシワも気になるので、写真のように、このハンガーにかけて収納しています。肩の部分が曲線なので、型くずれを防ぐことができ、重たい袖の部分をハンガーの横棒の真ん中にのせれば、ニットが下に伸びにくくなります。お出かけ前、急いでいる時など、着ようと思っていたニットが、たたみジワがだらしなくついてしまっているなんてこと、ありませんか？　ニットのハンガー収納は、あの面倒なスチームアイロンの手間もカットすることができます。

厚みのあるハンガーを、すべて薄手のハンガーに変えたら収納力が4〜5倍にも増えました。

上手にたたまないとシワになるニットも、このハンガーなら、肩のラインが曲線なので肩の部分が飛び出ることもなく、シワにもならず、アイロンがけの手間も省けます。重たい袖の部分を横棒の真ん中にのせれば、ニットが下に伸びるのを防いでくれます。

収納は重ねない

洋服をたたんで深めのタンスに入れる時、つい重ねて入れていませんか。すると、下のほうの洋服は見えないし、出しにくいので、ついつい忘れてしまいます。結局上4枚をローテーションで着るようになってしまいます。

また、下のほうの洋服を取り出す時に、確実に収納が乱れてしまいます。

それを避けるためには、深い引き出しの場合、深さに合わせて、くるっと丸めて立てて入れる。Tシャツやキャミソールは少し浅めの引き出しに。ただ丸めて収納するだけではなく、柄や飾り部分を上にして丸めると、どんなデザインかが一目でわかります。

こうすると、同じような色や素材でデザインも似ているものを持っているのに忘れて買ってしまったりということがなくなります。

見やすくても、一つ取り出すたびに乱れる感じがするならば、深さに合わせて100円ショップなどで売っているブックエンドを利用します。3枚おきくらいに差し込んでおくと、洋服を1枚取ってもブックエンドのおかげできっちり洋服が立っていてくれます。

これはバッグも同じ要領です。バッグは丸めることができません。立てて収納すれば取り出しやすく、存在を忘れずにローテーションできます。タオルも丸めて収納すれば、たくさん入ります。ちなみに我が家では家族それぞれの色を決めています。色が決まっていれば、夜使ったタオルを翌朝も使う時に間違えずにすみます。

柄や飾り、タグを上にして丸めて収納すれば、その日に着たい服が一目でわかります。

バッグもブックエンドを利用して立てて収納。洋服に合わせてローテーションできます。

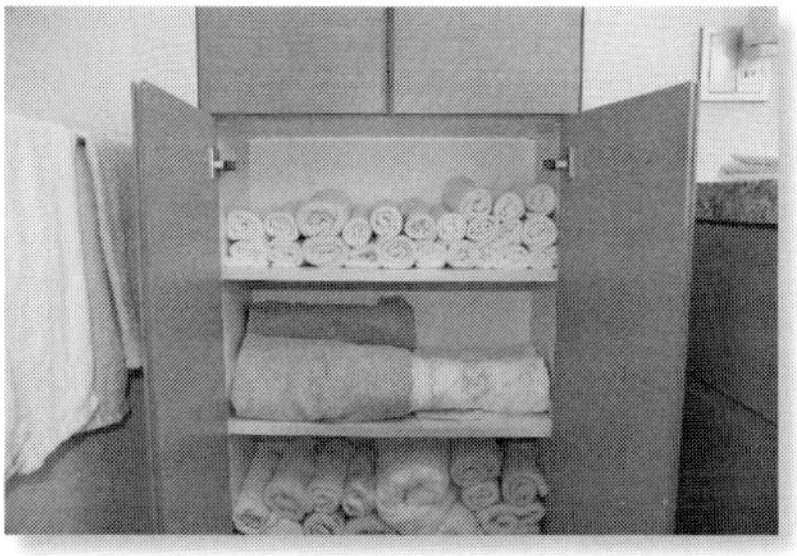

タオルも丸めて収納。家族で色を決めれば自分が使用するものが一目でわかります。

苦手な家事はムリせずに！　～アイロンがけとお裁縫

家事の中で、「嫌い・不得手」なものを挙げるとしたらアイロンがけとお裁縫です。結婚前、夫が「このコートのボタンが取れたんだけど、つけてくれる？」、まだ良いところを見せたかったあのころ。できません、とは言えません。

「いいわよ、ちょっと待っててね」

お裁縫をしている姿は絶対に覗かないでね、と「鶴の恩返し」のようなセリフを残して、隣の部屋に入ったっきり30分、つけにくいコートのボタンと格闘した若き日の私。それ以来、お裁縫はダメだと諦めた夫は、自分でボタンはつけるようになりました。夫が裁縫箱を出してボタン付けを始めると子どもたちに、

「なんかパパに直してもらいたいものな～い？」

「？？？」

アイロンがけも、どうも好きになれない家事の一つです。そこで、

「アイロンかけなくても、パリッと着こなせちゃうくらいのガタイのよさ、頼もしいわぁ」

と言って、夫のシャツは、できるだけアイロンをかけなくて済むようにしてきました。

子どもたちの洋服も同様です。

アイロンがけをしない代わりに、洗濯物を干す時にはできるだけ叩いて、その場で伸ばすように。私の母は、いつもパリッと糊のきいたハンカチを持たせてくれていました。そのハンカチを、母から朝出かける時に受け取ると、温かい母の愛を感じたものです。うちの子どもたちにも、そんな思いを……という気持ちはあったのですが、元来「ズボラ」な私には、ちょっとムリ。

そこで、ハンカチを干す時には、窓に張り付けてみたり、お風呂の蓋に張り付けてみたりして、できるだけシワのないハンカチを渡せるように、私なりの範囲内でがんばってみました。

苦手な家事は、肩肘張って無理する必要はないというのが私の考えです。苦手だったら、「ママ、これ本当にダメなのよねぇ〜」と正直に言うほうが、ママはいつも完ぺき、というよりも「ママにも苦手があるんだ。それなら、僕たちでその部分は何とかしてあげなくちゃ！」と思ってくれるようです。

家族の中で、弱みを見せあいながら生活していくほうが、和気あいあい楽しく暮らせるように思うのは、のんき者の私だけでしょうか？

「買いもの」は生きる力です！　～「ルール」を作る

スカートは何枚まで、トップスやアクセサリーの数はいくつまで……。いろいろな「ハウスキーピング」の本に書いてある項目です。たしかに、なるほど～とは思うのですが……、買いもの好きの私には、到底できない芸当です。お店に入ると不思議なことに、素敵な洋服やアクセサリーと目が合ってしまうんです。「私を連れていって～」と言っているかのように……。

買いものは女性にとって生きる力。私も買いものについては、この歳になるまで、随分と失敗もしてきました。買った時にはあんなにときめいたのに、結局あまり着ないまま「いる・いらん会」行きになったものも少なくありませんでした。

そうは言っても、これ以上、買いものの失敗はしたくないものです。家をこれ以上、もので溢れさせたくないですし、余計な出費も抑えたい。それに、タンスのこやしになってしまったものの処分にエネルギーをそそぎたくありません。

そこで、私なりの「買いもののルール」を作りました。

①値段に惚れ込んで買わない〜定価でも買うものを購入する

これはセールなどでよくする失敗です。ちょっと着にくいけれど、普段はあまり着ない色やデザインだけど、この値段だったら、と思って買ったもので、後で気に入ったものは、今までにありません。以来、「定価でも買うかどうか」を基準にしています。

②同じようなものはなかったかしら？　と自分に問う

喜び勇んで買って帰ると、同じような洋服がクローゼットから出てきた。そんな経験ありませんか？　私は何度かこのような失敗をした後、買う前に必ずクローゼットの中を思い出してみます。

③入れる場所はあるかしら？

洋服の場合は、クローゼットや引き出しの入れる場所を考えます。そこからはみ出るようだったら、今までのちょっと流行遅れになったものや、着古したものを処分することを考えます。洋服はある程度循環させるようにすると、いつも旬のおしゃれが楽しめるのではないでしょうか？

④雑貨小物や食器などの場合

天使の小物や素敵な食器などにも目がない私。雑貨小物の場合、買う前に一息ついて、これは飾ろうと思っている部屋のテイストに合うかしら？　どの場所に置こうかしら？　色は他のものと喧嘩しないかしら？　という3点を考えます。食器の場合、まずは食器戸棚に入れるスペースがあったかどうかを考えます。もし満杯の場合は、ちょっと古くなった食器を処分したり、格下げして観葉植物の受け皿になるものがないかしら？　と考えて、スペースが確保できるかどうかを考えます。その次には、色やテイストが他の食器や我が家のインテリアに合うかどうかを考えます。

こんなことを瞬時に考えてから、購入することにしています。

このルールを作って以来、ほとんど失敗はなくなりました。やはり、女性にとってお買いものは人生のお楽しみ、生きる力。がまんは禁物です。でも賢く、本当に必要なもの、好きなものに囲まれた生活をイメージしてみましょう。

事務処理能力〝0〟の私も、これならできます！

元来、事務処理能力が欠如している私。

結婚して数年の間、大事な書類・説明書などを、すべて大袋にざっくり一緒に入れていました。平和に暮らしていると、突然夫が「あの書類出して」。

そう言われると、さぁ～っと血の気が引くとともに、あの大袋の中に頭を突っ込んで、何とか見つけて難を逃れたり、結局見つからなくて、再発行、なんてことも……。

これはどうにかしなければ……と思っていたころ、たまたま駅の構内を歩いていると、いろいろな種類のファイルを売っていました。

「そうだわ、これに分けて入れるようにすれば、きっとうまくいく！」

と、早速帰宅してから、大袋の中を種類別にしながら「要・不要チェック」をしました。

そして誕生したのが、レッスンの際、みなさまにご紹介しているファイル収納です。これを始めて以来、夫が、

「あの書類、どうしたかなぁ？」

「お任せください、たちどころに……」

と、すぐに耳をそろえて、出せるようになりました。

「すごいねぇ〜、さすがマダム！」

と、夫も褒めるつぼを心得ています。

このファイル収納には、ちょっとしたコツがあります。それは、タグで種類別にした場所に入れる時、後ろに後ろに新しいものを入れていきます。すると、何もしなくても、ちゃんと月日別にきれいに並んでいます。

この手の書類が必要になる時は、たとえば車をぶつけた時、泥棒が入った時など、パニックになっている時が多いものです。このどちらも経験しましたが、その時、慌てず騒がず、すぐに必要な書類が出せた時には、我ながらあっぱれ！　と我とわが身を褒めてやりたくなりました。

重要書類ファイル

重要書類は一目でわかるようA4サイズのタグ付きのものを。

領収書ファイル

領収書など小さいサイズのものは、取り出しやすい浅いジャバラが便利です。ロフトで見つけました。

年賀状

アドレス帳を毎年更新するのって面倒ですよね。ズボラな私は年賀状を五十音順に並べ、片側をガムテープで貼り付けてアドレス帳がわりにしています。カバーは年賀状サイズにカットした一昔前のビデオケースを再利用。

Lesson 3
手間をかけない掃除の工夫

家は「8割きれい」がいちばん

要るものだけになって、すっきり片付いた空間ができたら、次はお掃除です。でも、何のために掃除をするのか？　始める前に考えてみましょう。確かに掃除が行き届いた空間には良い気が流れ、とても気持ちがいいものです。でも、ものには程度。あまりにも「お掃除」に一生懸命になってしまうと、肝心なことを見失いがちに。

掃除はあくまでも、快適に暮らすためにするもの。少しぐらい汚されても気にならない程度が、「怖いママ・キツイ妻」になることなく、平和で家族みんながくつろげる家庭を作るカギなのではないでしょうか？　お客様も、あんまり完ぺきにきれいだと、「この方をお呼びする時には、ハウスクリーニングを入れなくちゃダメかしら？」なんて思ってしまうかも。お互いにハードルを高くしてしまうような気がします。きれいと思った空間に、埃が……、というほうが親しみやすくていいと思うのは、やはりズボラな私だけでしょうか？

「家は8割くらいきれいがいちばん」というのが、私の偽らざる考えです。

そこで、次に一見きれいに見えるお掃除法をご紹介いたします。

「小掃除」のススメ

「いくら片付けても、ちっともきれいにならない」「家事って終わりがないのよねぇ〜」。よく耳にする言葉です。確かに、どこもかしこも完ぺきにきれいにしようと思うと、ついそんな言葉が口を衝いて出てくるかもしれません。完ぺき主義とはまったく縁遠い私が考えるに、掃除には2種類あると思います。「大掃除」と「小掃除」です。

「大掃除」は家具の下や裏、冷蔵庫回りなど、普段あまり目につかないところの埃を、あえて掻き出してする掃除のこと、というのが私なりの解釈です。

それに対して、私が勝手に作った言葉で恐縮ですが、**「小掃除」というのは、目立つところだけをきれいにする掃除**。お客様がいらっしゃる場合、すぐに掃除機をかける方が多いかと思いますが、よほど床が汚れていれば別ですが、下を向いて部屋に入ってくるお客様は、あまり見たことがありません。みなさん前を見て入っていらっしゃるので、目線の先をきれいにしておくほうが効果的です。たとえば、ペンダントライト（照明）を下げていれば、そのカバー、棚やサイドボードの上などです。

また、ガラスや蛇口など、本来透き通っているべきところや光っているべきところが曇っていると、たとえお掃除していても、汚い印象を与えてしまいます。まずは、洗面台の蛇口、ガラスのサイドテーブル、ドアのガラス部分などがあれば、そこをきれいに。ドアノブなどもさっとひとふき。ピカッとしていると、部屋全体がきれいに見えます。

また、窓ガラスが汚れていると、せっかく部屋がきれいでも汚い印象を与えてしまいます。でも、窓ふきはちょっと大変。そんなふうに思ったら、レースのカーテンを閉めてしまいましょう。「見せたくなければ隠す！」。これも、家事には大切なこと。窓ふきは、「今日はお天気もいいし、元気満タン！」と思った日のお楽しみに取っておきましょう。したくない時に、無理にすることはありません。

年末の大掃除はいつのころからか、しないのが「我が家流」になりました。寒くて、何かと忙しい時期にわざわざしなくても……ということになって20年以上になります。でも、まったく大掃除をしないわけではありません。どんな時にするかというと、たとえば、ボールペンがソファの下に転がって、下を覗くとびっくりするほど埃が……と、思わぬ時に見たくないものを見てしまった時。そんな時に不定期にしています。それに対して、「小掃除」は毎日、家事の流れの中に組み込まれているので、自然と体が動きます。

我が家に遊びにいらした方から、「いつもきれいにしてらして、大変でしょ。お掃除……」と、よく聞かれますが、毎日の「小掃除」にかかる時間は30分程度。「小掃除」を習慣化すると、いつもソコソコきれいな空間で過ごすことができます。

でも、我が家にいらしたら、あんまりじっくり見ないでくださいね。思わぬところに埃が……、というのが我が家です。「埃高き」家なんです。

「水回り掃除」のコツ～今度とオバケは出たことない

家の中をきれいに見せる、最大のポイントともいえるのが「水回り」。

私は今まで何度か自宅を売却してきました。そんな時、いつも購入希望の方が真っ先にチェックなさるのが、水回り。ガンコな汚れは、それだけで査定が下がります。我が家では、洗面所には小さなタオルを置いて、使ったらさっとふくのが掟です。先日、なぜか洗面所にいる時に、ちょっとしたことで夫と口ゲンカに。そんな時にも夫の手は、しっかり小さなタオルでその辺をふいていました。教育も、ここまで徹底したかと、つい勝ち誇ったような気持ちになってしまいました。

キッチンも使いっぱなしにすると、たとえ新築でも、数ヵ月もするとガンコな汚れが残ってしまいます。そこで、晩御飯の片付けが終わったら、その日に使った台ぶきんでふいた後、やはりその日に使った手をふく乾いたタオルでふきあげるようにしています。それにかかる時間はせいぜいプラス5分。毎日していると、ガンコな汚れにならず、すぐに作業が終わります。

もちろん、ガス台も使ったらすぐふきます。吹きこぼれなどをそのままにして使い続けると、汚れを焼き付けることになります。すると、気がついた時には素人ではなかなか取ることが難しいような、ちょっとやそっとでは取れないガンコな汚れに変身しています。

お風呂も、汚れがたまると厄介なところです。「最後の人がふいて出る」というのが、我が家の掟です。お風呂を出る時に、スクレーパー（へら状の器具）で水気を取ってから、ぼろのバスタオルでステンレス部分と鏡、ガラスのドアをふきます。それも、プラス5分でできます。

水回り掃除に共通していえることとは、その場にあるものを使って、**さっと気楽にふきあげることを習慣化する**こと。その場に掃除するものがないと、つい「今度でいいわ」と思ってしまいます。昔から出たことがないのが「今度とオバケ」。ぜひ、「さっとひとふき」を実行してみてください。いつも気持ちのよい水回りに変身しますよ。

どうしても疲れていて、さっとひとふきもしたくない、時間的に余裕がなくてできない、なんてこともよくあります。そんな時には、無理はしないで翌日にすることにしましょう。今日も明日も明後日も、ず～っとやりたくない。それでいて、きれいに過ごす方法はないでしょうか？　というご質問があるとしたら。私もそんな素敵な魔法、ぜひ習ってみたいです。残念ながら、人間レベルではあり得ません。

晩御飯の後、「今日面白いテレビがあるから、一緒に見ようよ」と夫に誘われた時には、できるだけそれまでに洗いものも済ませるようにしています。でも、ビールも入って気持ちよくなって、そのままテレビを見ているうちに夫婦そろって夢の中。アラ還カップルにはありがちなこの光景。そんな時には翌日、チャチャッと片付けることにしています。よく寝た体には、エネルギーもたまって、結構すぐに片付くものです。お風呂も翌朝、タオルの洗濯をする前に、これから洗うタオルを使って、さっとステンレス部分や鏡の部分をふいてしまいます。お風呂を出る時にするより、少しだけよけいに力がいるかもしれません。

でも、疲れた時に無理してするよりは楽しい気持ちでできるはず。そもそも**お掃除の目的は、自分を含めて、家族みんなが楽しく快適に暮らすこと。**何がいちばん大切かをつねに忘れず、優先順位を自分でつけてから始めましょう。

洗面所には、小さなタオルを置いて、使ったらさっとふくのが掟です。

「本当に大変だねぇ〜。今は僕より君のほうが大変な一日を送っているねぇ」なんて言ってもらえると、勇気百倍。「よっしゃぁ〜。また明日も頑張るぞ〜！」と体の底から力が湧いてきたものです。〝主婦は家庭の太陽のような存在〟というのが私の持論ですが、その太陽を支えているのは夫の力。夫がより良き妻の理解者でいてくれるように、時には褒めそやし、時には心から感謝の言葉を言って、互いに助け合って楽しい家庭ができていくんだなぁ〜と、この30年を振り返って、つくづく思う今日このごろです。

▍今から思うと「夢の世界」だった新婚旅行。

Column

「ネストづくり」。陰の支えは夫の存在

子どもたちが巣立って、また夫婦二人の暮らしが始まりました。夫はもともと外食好き。近所にたくさんレストランがあるのも手伝って、休みの日には二人で外食、というのが最近めっきり増えました。レストランに行くと、食事はもちろんですが、いろいろな家族模様が見られるのも、人間ウォッチングが好きな私には楽しみの一つです。小さな子どもを連れてきている家族。見ていると、昔の我が家を思い出します。お父さんが優しい家族は、お母さんも明るくニコニコしていて、家族全体に温かな空気が流れています。それに対して、お父さんがピリピリしている感じだと、会話もあまりなく、お母さんも沈みがち。子育てを直接するのは母親ですが、それを陰で支える夫の役目って、本当に大きいんだなぁ～と改めて思う昨今です。我が家が子育て真っ最中だったころ、年子の二人の世話は想像以上に大変なものでした。子どもたちが寝静まってから、夫と二人ビールなどを飲みながら、その日一日あったことを聞いてもらうその時間が、私には救いでした。

私の「一日の家事の流れ」

家事をシステム化すると、家のことが何倍も早く片付き、他のことをする時間が増えます。サロンがある日以外は、夫と同時にベッドから7時15分に飛び起きるのが、私の一日の始まりです。夫が身支度をしている間に、朝御飯の支度。8時ごろに夫を愛犬とともに見送ってから、私の時間が始まります。まずは、マイブームのスムージーを飲みます。その後、あたたかなミルクティとともに、ゆっくりした朝御飯が始まります。大急ぎの夫とともに、朝御飯をかきこむことはありません。

9時ごろから洗いものをしつつ、下着などの洗濯を同時進行します。シンク回りは濡れた台ぶきんと、さらに手をふく乾いたタオルでふきあげて、キッチン掃除は完了。次にふきあげたタオルを持って洗面所へ。洗面所の鏡とカウンター回りを軽くメラミンスポンジ（洗剤なしで汚れを落とせる）でこすった後、これから洗濯するタオルできれいにふきあげて終了。その続きで、隣のベッドルームへ。ベッドメーキングをして、パジャマも軽くたたんでタンスの中へ。

トイレ掃除は、朝の使用時に、掃除をして出ることにしています。トイレの中に隠された掃除道具（メラミンスポンジ＆ボロの歯ブラシなど）を使って。手を洗うところやカウンター・鏡も軽くメラミンスポンジでなで、その後、これから洗濯するタオルでふき、そのタオルでさらに、家じゅうのドアノブをさっとふいて回ります。そのころには、下着などの洗濯が終了しています。それを取り出して、お風呂場で室内干しにして乾燥スイッチを入れます。2時間半で、雨の日もパリッと乾きます。その後、出揃ったタオルの洗濯をします。タオル類は乾燥機で乾かすと、ふんわり気持ちよく仕上がります。

そこまでにかかる時間は、1時間程度。あまりにも部屋の中の埃や髪の毛が目立つ時には、最近購入したロボット掃除機ルンバをかけることにしています。でも、ルンバちゃんが活躍するのは、私が家事から解放された後。知らない間に、家の中がきれいになっているので、大いに助かっています。買おうかどうしようかお迷いの方がいらしたら、おすすめですよ。10時ごろ家事が終わると、後は夕方6時半ごろに晩御飯の支度をするまでは自由時間♪　出かけたり、レッスンの支度をしたりと、何かと忙しいですけれど、子どもたちに時間を取られていたころのことを考えると、何という自由の身。

この時間の使い方ひとつで、「熟年期」を充実させることができるのではないかしら？なんて考えています。夫が帰ってくるのは夜8〜10時ごろ。遅い時には、先に一人で晩御飯を食べることも。そんな時は、夫が晩御飯を食べている横に座って、ビールやお茶を飲みながら一日あったことをお互いに話します。夕食後はテレビをBGMに高いびき、というのが60歳を過ぎてからの夫の生活パターン。その間に、洗いものをしてキッチンをふきあげて私の一日も終了。お風呂にでも入ろうかしら？　と思っていると、夫がむっくり起き上がって「さぁ、風呂にでも入るかなぁ～」とならないように、テレビは付けたまま、そ～っとお風呂へ。必然的に、最後になった夫は風呂掃除。

主婦の時間は、いくら私のように自由時間が増えたといっても、すべて自分のために自由に使うことはできません。まして子どもが小さい時は、子どもや夫の時間を優先して、その合間を縫って、何とか自分の時間を作りださなければならず……。

主婦にとって、**スキマ時間をいかにうまく活用するか**が、充実した一日、ひいては充実した人生を送るためのカギなのかもしれませんね。

「見なかったことに……」
子育てママのお掃除ポイント

昔から「子ども部屋」は治外法権だった我が家。子どもたちが小さかったころも、リビングや他のパブリックスペースはソコソコきれいでした。でも、いったん子ども部屋のドアを開けると、悲惨な状態が繰り広げられていることも。思春期に入るころには、子どもたちいわく、「いったん部屋から出るときれいだから、自分の部屋が汚いのを忘れちゃうよね」。

そんな子どもたちも成人して、自分の空間を持つようになると、信じられないくらいきれいに暮らしているのは、やはり小さいころからの「きれいな空間は気持ちがいい」という刷り込みの成果なのでしょうか？　子育てが終わった今、たくさんの反省や気づきがあります。その中の一つ、それは、成長過程の子どもに、完ぺきを求めてはいけないということです。子どもたちが、幼稚園に行くか行かないかのころから、おもちゃはできるだけ自分たちでも簡単に片付けられるような収納にしました。子ども部屋の押し入れの左下に、ホームセンターで買ってきた押し入れサイズのワイヤーの引き出しを入れて、この段にはブロック、この段にはぬいぐるみなどと、あまり細かく分けることなく、ざっくりと入れられるようにしていました。もしその中がぐちゃぐちゃ状態でも、押し入れの戸を閉めてしまえば、部屋はきれいに見えるように。また、細かなおもちゃは、車の付いたおもちゃ箱の中へ。遊ぶ時にはそのおもちゃ箱をリビングまで引っ張ってきて、それをひっくり返して中に入って遊んでいました。遊び終わると、一緒に「お片付けぇ～♪」と歌いながら、すべてをおもちゃ箱の中に放り込んで……。お片付けも一つのお遊び。そんなふうにしておくと、そのうちきっと楽しんで片付けをするようになるかしら？　という希望を持って。でも振り返って考えてみると、楽しんで片付けをするようになるまでに20年以上の歳月がかかりました。子育てをしていると、その時その時に「良い子」を求めてしまいがちです。そして、それに反すると、「ダメでしょ！」と目くじらを立てて……。子どもは親が思ったような行動はしない、というのが私の感想です。

その時は**完ぺきじゃなくても、長い目で見て良い子になるように、少しずつ舵を取っていくのが親の務めなのかしら**？　と今になってつくづく思います。たとえ子ども部屋がひっくり返っていても、「見なかったことにする」のも、子育てママが、いつもおおらかでいられるお掃除ポイントなのかもしれません。

掃除をしたりして、子どもがある程度育った時に飛び立つための準備をひそかに始めていました。最近、街で幼いお子さんを連れたお母さんがいると、思わず「今を楽しんでくださいね！」と声をかけたい衝動に駆られてしまいます。お母さん業をがんばっているあなたは輝いていますよ……と、ついお伝えしたくて。

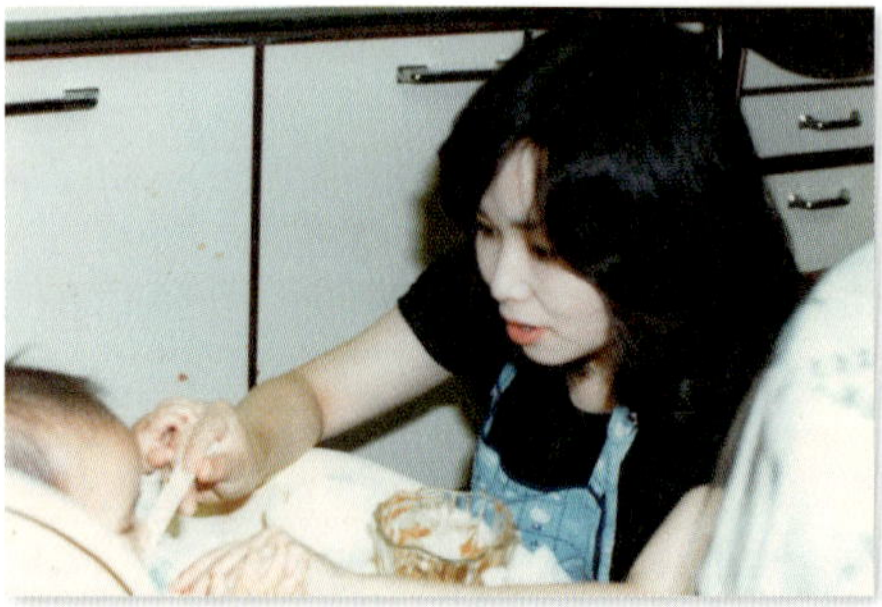

子育てに一生懸命だったあのころ。

Column
子育て中の孤独感

息子が生まれて、毎日子育てに追われる生活が始まりました。それまでは欧米のエグゼクティブな方たちや、そのご夫人たちに日本語を教え、毎日忙しく自由に暮らしていた私の生活は一変しました。夫を送り出すと小さなマンションの一室に1歳にもならない息子と二人だけ。息子と人間らしい会話などできるはずもなく、夫が帰宅した時に上手く発声できないことも……。翌年には娘も生まれ、子ども二人がおむつをしていた時期もありました。あのころは、そんな生活が永遠に続きそうな気さえすることも。あれから30年以上たった今、振り返ってみると、あんな時代は一時だけだったなぁ～と懐かしく思えます。「三つ子の魂百まで」の言葉どおり、3歳までの親の接し方がその子の人格形成に大きく影響すると言われています。子育て真っ最中の時には、自分が世の中から見捨てられているような孤独感に襲われることがあります。そんな時、「**今は次に飛ぶための準備期間なんだ**」と考えるようにしていました。そして、子どもたちが寝た時にイヤホーンを耳に突っ込んで英語を聞きながら

Lesson 4

癒しの空間づくり

我が家のリビングです。
この写真には、部屋をスッキリ、広く、明るく見せ、
そして、家族も自分も癒される
たくさんのヒントが隠されています。
その答えを、レッスン４でお話ししていきましょう。

ベースになる色は3色まで

片付けも掃除もできているのに、なんだかスッキリ見えないことってありますよね。そんな時は、インテリアに問題があるのかもしれません。そこで、この章ではスッキリと広く見えるインテリアのコツや、家具・インテリア小物の選び方など、実例を挙げながらお話を進めていくことにいたします。

インテリアがスッキリしない理由はいくつかあると思います。まずは色。ものにはすべて色が付いているので、部屋にものが多いと、必然的に色の洪水になってしまいます。いろいろな色が氾濫していると、部屋はスッキリして見えません。壁・カーテン・床・家具など、**頻繁に変えない所は3色**まで、しかも色をリンクさせると部屋に統一感が出てきます。

部屋のカラーコーディネートというと、とかく難しく考えがち。でも、私は洋服のコーディネートと同じと考えています。まずはメインになる1色を決めて、あとの2色はそれに合う色。我が家は白がメインカラー、あとの2色は、やわらかいグリーンとベージュです。洋服の場合も、メインになる色と、それに合う2色まででアクセントをつける場合が多いかと思います。メインカラーを決める場合は、「まずその部屋をどんなふうに見せたいか」を考えます。広く明るく見せたければ、薄い色を選び、重厚な感じにしたければ、茶色など少し濃い目の色を選びます。

私はいつも、部屋は広く明るく見せたいと思っています。

家具選びは「当座」か「半永久」かを考えて

家具の選び方には2種類あると思います。「**当座の家具**」と「**半永久的な家具**」。まだテイストも変わりそうだし、子どもも小さいので傷つけられそうだし……という時には、当座の家具を選びましょう。テイストは変わることがよくあります。まだ、これから変わりそうな予感がする場合は、あまり高価なものを購入するのはやめましょう。

私も前の自宅を建てるまで、当座の家具を使っていました。新婚当時は、婚礼3点セットを断って、おもに洋服はビニールロッカーに収納していました。食器戸棚も2万円程度の白くて癖のないもの。オーディオを入れたり食器を飾る棚はすべてシステム家具に。引っ越しで配置が変わるたびに、柔軟に対応してくれました。土地から購入して、ドアノブにまでこだわって建てた前の家に引っ越す時に、初めてソファやセンターテーブルなどを購入しました。

息子夫婦の家も同様です。まだ若い夫婦、インテリアの好みもこれから先、変わるかもしれません。高級家具はこの先のお楽しみにとっておき、家具選びのポイントは、狭い部屋をスッキリ広く見せるもの。買い揃えた家具のほとんどは、低価格なのにデザイン性に優れているニトリやＩＫＥＡ。ニトリで購入した低価格のコーナーカウチソファ、ダイニングテーブル、テレビ台、ロールアップカーテン、そして、テレビや、テレビ台の引き出しの開閉防止のストッパーもすべて白。白なら統一感が生まれ、スッキリ広く見えます。白のストッパーがもしキャラクターものだとしたら、一瞬で部屋の雰囲気が崩れてしまうことでしょう。補足すればソファの素材は、まだ子どもが小さいうちは、汚してもふき取れるように安いレザーなどがおすすめです。

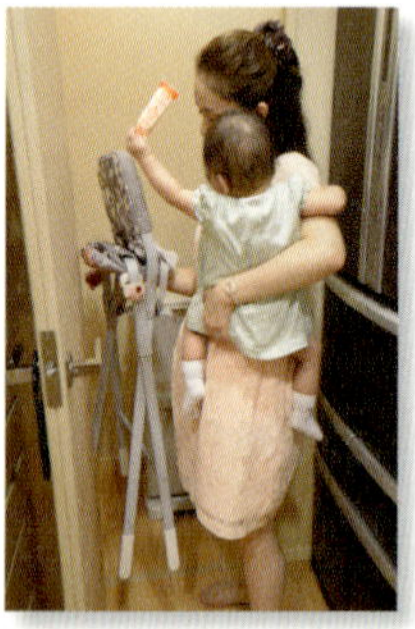

子どもが小さい時しか使わないチャイルドチェアこそ、安くて使いやすい当座のものでOK。息子夫婦は機能性を重視したIKEAの約5000円のものを使用。折りたたみ式で軽く、出かける時も持ち運びがラク。出しっ放しにせず、収納庫にしまえば狭いリビングもスッキリします。

息子夫婦の家のリビングです。当座の家具はほとんどニトリで購入。狭い部屋をスッキリ広く見せるために白がベース。少し高い位置に鏡を取り付け、抜け感を演出。

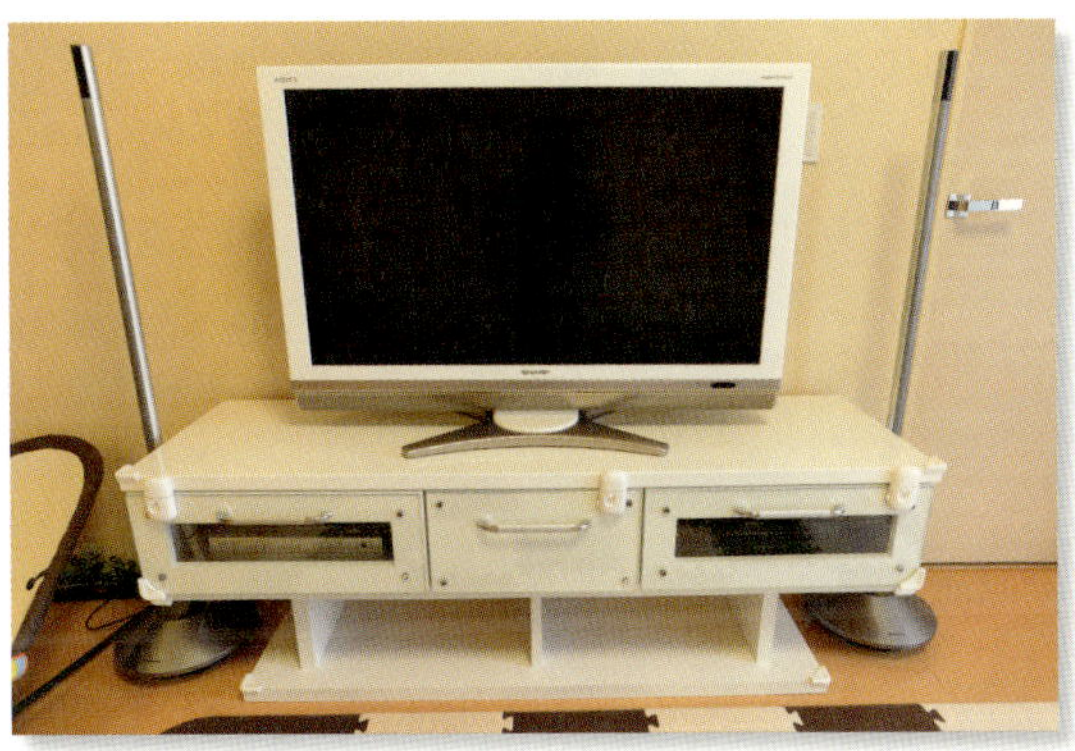

家電も白ならおしゃれな雰囲気に。白は子どもの手の跡も目立ちません。テレビ台の開閉防止ストッパーも白。子どもが喜びそうなキャラクターものは狭い部屋をより狭く見せてしまいます。

私が半永久的に使う家具を買う時に、気をつけたことは4つありました。しつこいようですが、広く明るく見せたかったので。

①色

パウダー仕上げという、真っ白よりは少しアンティークな感じの白に。

②軽い感じ

籐でできた軽めの感じの家具にしました。見た目にも軽い感じの家具は、重たい感じの家具に比べて、存在感が薄いので広さが出ます。

③床面が見える

センターテーブル（写真下）の上面は透き通ったガラス。ソファ（写真下）やパーソナルチェアも下はふさがっていないもので、床面が見えます。部屋を見渡した時、床面が見える家具にしておくと、床の広がりを妨げないので広く見せることができます。

④あまり高さがない家具

目線を遮る高さの家具を置くと、やはり部屋は狭い感じになります。そこで、ダイニングチェアの背もたれもあまり高くないものを選びました（写真上）。

リビングとダイニングとキッチンが一続きになっている場合は、どこからでもキッチンが見えてしまう。そんな時、家具の配置を変えることで、問題が解消する場合もあります。背の高い食器棚などの家具は、できるだけ壁につけてしまうと、壁と一体になって圧迫感がなくなり、安定感も出ます。

真っ白ではなく、パウダー仕上げという少しアンティークな感じの白に。籐でできた見た目にも軽い感じの家具や、背もたれが高すぎないものは、部屋を広く見せます。

床が見えるガラスのセンターテーブルは、部屋を見渡した時、広く見せることができます。

テイストを揃える

テイスト＝好みの傾向。これが決まっていないと、一つひとつを見れば素敵でも、それぞれがケンカをして、良さを消し合ってしまうことになります。**自分はどんなテイストが好きなのか？　まずは自分を知ることから始めてみましょう**。私自身、振り返って考えみると、結婚前から新婚時代までは、「カントリー調」が好きでした。その後は、もっとスッキリしたモダンテイストが好きになり、終《つい》の棲家《すみか》と思って家を建てる時には、「モダンクラシックテイスト」がいちばん癒されるテイストになっていました。

自分のテイストが決まったら、小物に至るまで、そのテイストで揃えると、部屋全体に統一感が生まれます。お店で気に入った雑貨などを見つけた時にも、まずはそれを置く部屋の色・テイストに合っているかどうかを考えてから買うと、失敗しない買いものができます。インテリアは小さなものでも妥協してしまうと、そこから崩れていってしまいます。たとえば、「モダンクラシックテイスト」の我が家のリビングに、いただきものだからと、招き猫やタヌキの置物を置いたら、そこからガラガラと音を立てて、インテリアは崩れてしまいます。妥協してテイストや色が合っていないものを置くのはやめましょう。

部屋をスッキリ広く見せるためには、色やテイストだけでなく、「素材を揃える」ということも大事です。たとえば写真下のベッドルームですが、ただ白い素材をもってくればよいわけでなく、カーテン、壁紙、ベッドカバーの3点は、似た雰囲気のデザインと素材で揃えているので、統一感が生まれ、狭い部屋も広く演出できます。さらに、柄が入って少し光沢のある素材は、光が反射することで、雰囲気のある温かさを演出してくれます。

自分のテイストが決まったら、インテリアから小物に至るまで、そのテイストで揃えると、部屋全体に統一感が生まれます。

「素材を揃える」ことも大事です。ベッドルームも白をベースにカーテン、壁紙、ベッドカバーの3点を似た素材と柄で揃えているので、狭い空間もスッキリ見えます。さらに、高い位置の鏡で抜け感を演出。

やわらかさ&抜け感を出す

やわらかさを演出するために、私は家のカーテンに曲線を取り入れています。写真のように取り付けることで、四角張って冷たい窓も、カーテンのやさしい曲線で、一瞬で癒しの空間のできあがり。また、向かいのごつごつしたコンクリートのマンションも、写真（上から二段目）のようにカーテンを取り付けることで目隠しになり、やわらかさを演出できます。

狭い空間を広く見せるために鏡を活用する方は多いと思いますが、鏡を取り付ける位置も重要です。寝室（111ページ）と、息子夫婦のリビング（107ページ）の鏡は、計算された位置に付けています。自分や余計なものが鏡に写り込む位置より、少し**高めの位置に鏡を取り付ける**と、空間に広がりが出て、抜け感を演出できます。作り付けや背の高い食器棚にも鏡効果を活用しています。背の高い家具は、ふつうは圧迫感を感じますが、写真のように鏡の付いたものにすれば、抜け感を演出できます。

四角張って冷たい窓も、カーテンのやさしい曲線で、一瞬で癒しの空間のできあがり。少し高めの位置に曲線の鏡を取り付けて、やわらかさと抜け感を演出。向かいのマンションは、曲線のカーテンで目隠し。

圧迫感のある背の高い食器棚にも鏡効果を活用。写真のように、棚の奥が鏡になっているので、抜け感を演出できます。

造花を活用する

窓の外の景色も、癒しの空間づくりには欠かせないものです。

私は、玄関から見えるバルコニー（写真上から二段目）が、一枚の絵に見えるように、上にドレープを付けて演出しています。奥に見える観葉植物、じつはすべて造花です。ズボラな私は毎朝水をあげたり、虫がつく心配をするより、一見生花に見えて、部屋の雰囲気がぱっと明るくなる造花でいいと思っています。これには嫁も同感で、息子夫婦の家の殺風景だったバルコニーには、やはり白と黄色で色をバランスよく配置した造花が活躍しています（写真下から二段目）。部屋の中から見ると、まったく造花に見えないことがポイントです。私は、コンセントやコードを隠すためにも、造花をフル活用しています。写真（一段目）のとおり、生活臭が丸見えの箇所に、緑の造花をさりげなく置いています。

また、嫁は突然の来客の時でも、一瞬でダイニングテーブルが華やかになる、手作りの造花のフラワーアレンジメントを上手に使っています（写真下）。

どんな造花でもいいというわけではありません。やはり、部屋のテイストに合うもの、合う色を選ぶことが大事です。

コンセントやコードを隠すために、造花をフル活用しています。

バルコニーに造花を置けば、窓から見た風景が、まるで一枚の絵画のようになります。窓枠の上部にドレープを付け、額縁のような演出をしています。

息子夫婦の家の殺風景だったバルコニーも、造花で演出。色数は３色以内におさえ、統一感のある配置がポイントです。

息子夫婦の家のダイニングテーブル。ふだんは何も置かず、突然の来客時でもさっと取り出して華やかさを演出できるよう、嫁が作った造花のフラワーアレンジメントを活用しています。

にはびっくり。これは、小さいころからの刷り込みの成果なのか？　娘も一人暮らしを始めるようになると、白へのこだわりが。「ママとは違った感じのインテリアにしたいの」と言いつつ、結局、選んだものは、白い猫足のテーブル、白いテレビとテレビ台、家電製品もすべて白。ラグマットまで白でした。それぞれの子どもたちの作った「ネスト」はやはり白。スッキリと部屋を広く見せ、掃除もラクな白は、本当におすすめです。

Column
白は掃除がラクなんです

部屋をできるだけ、広く、明るく見せたい。これが私のインテリアのテーマ。だからこそ、広く、明るく見える白をベースに、インテリアを工夫していますが、白い家に住んでいると、みなさまからよく言われるのが、「お掃除が大変でしょ？」という言葉。じつは、そんなことはありません。黒い車と白い車を思い浮かべてみてください。黒い車のほうが、白に比べて汚れがぐっと目立ちますよね。家も同じです。白い壁など、そのまま放っておけば、なんとなく全体が汚れてくるので、汚れはあまり気になりません。かえってそこを一部だけふいてしまったりすると、その部分だけがきれいになって、ツートンカラーになってしまいます。基本ズボラな私には、白のインテリアは、メンテナンスの面でも合っているようです。このこだわりは、子どもにも遺伝したようです。息子が大学生になって一人暮らしを始める時のことです。一緒にホームセンターで、いろいろと買い揃えている時でした。「このコード白だから白い壁でも目立たないし、いいよねぇ」と、白の延長コードを持ってきたの

低価格で広くおしゃれに見せる工夫

ニューヨークの大学院に留学することになった姪。その姪から、まったく予期していなかったお願いが……。「おばちゃまって、本当に空間づくりをするのが上手でしょ（いいえ、あなたのお口のほうがよほど……）。だから、ニューヨークのアパートをおばちゃまのセンスで素敵にしてぇ～」。頼まれるといやとはいえないこの私。早速夫の了解を得て、ニューヨークへと旅立ちました。そのアパートの部屋は、窓がたくさんあって明るく、作りもなかなか洒落ています。でも、私が行った時にはものが散乱していて足の踏み場もありませんでした。もちろん、色やテイストなんて決められる状態ではありません。

●キッチン

どこからでも見えるドアのないキッチン。本来使い勝手がいいはずのキッチンの収納ですが、背の低い姪には吊り戸棚がちょっと高すぎ、すべてのものがカウンターの上に、所狭しと出しっぱなしになっていました。使いやすい下2段の部分にプラスティックケースを入れて、引き出せるように改善。さらに真っ赤なやかんとくすんだピンク色のタオルがかけてあるのが、何ともミスマッチだったので、白に少しだけ黒が入ったやかんに替え、白いタオルをかけると、全体的に清潔感あふれるキッチンになりました。

Before

真っ赤なやかんとくすんだピンク色のタオル、そして出しっ放しのものたちで溢れていました。白がベースのやかんと紫の柄の入ったタオルに替えたら、全体的に清潔感あふれるキッチンになりました。

After

ものの出しっぱなしの原因は、吊り戸棚の手前の部分しか使えなかったから。下２段の部分だけを利用することにして、プラスティックケースを入れ奥のものを引き出して取れるように改善しました。

●棚

部屋を仕切るように置かれていた焦げ茶色の棚。その中に本・CD・日常の細々とした雑貨、そしてよく見ると棚の上には雑多なものとともに飾りが置いてありました。その横の丸いプラスティックボックスには、ヨガをする時の道具がこれまたざっくりと入っていました。もともとあまり広い空間ではないので、仕切るのはやめて棚は壁付けに。全体が白ベースの部屋の中に焦げ茶色の棚はあまりにも重すぎる印象がありました。そこで、安価ないろいろなパーツが選べる組み立て家具を購入。浅めの引き出しには出かける前に必要な鍵・メトロカード・サングラス等を入れることにしました。お気に入りのウクレレをどこかに飾ってほしいということでしたので、その上に。棚の中にある、小さな飾りの入った茶色の鉢と、このウクレレの色が同じなので、それぞれが素敵に引き立てあっています。棚に、ライトや、アロマディスペンサーを置いて、夜はまた違った演出を楽しめるようにしました。

●ソファベッド&テーブル

ソファベッドはレンタル。ガラスのテーブルは９０００円で購入。キャスターも付いているので自由に動かすことができます。狭い空間でも、白いソファとガラスのテーブルだと圧迫感を感じることもなく、外から帰宅して、まずはホッと一息なんてことも……。

Before

焦げ茶色の棚が、雑多なものの置き場になっていました。焦げ茶は全体が白ベースの部屋にはあまりにも重すぎる印象です。安価ないろいろなパーツが選べる組み立て家具を購入し、生活臭のあるものは閉じ込めました。色も白、グリーン、茶色の３色以内なら、狭い部屋もスッキリ見えます。

After

Before

お客様も呼びづらい、雑然としていた部屋でしたが、白いソファベッドをレンタルし、テーブルを購入したことで、ホッとくつろげる癒しの空間に変わりました。

After

●クローゼット

作り付けのクローゼットは一人暮らしには多すぎるぐらい付いていましたが、引き出しというものがまったくありませんでした。そこでクローゼットの下のあいた部分に、プラスティック製の引き出しを入れ、細々としたキャミソールや下着などを丸めて収納することにしました。姪は衣類をたたむことがとても不得意で、すべての洋服を吊るしたいという希望があったので、できる限り薄手のハンガーでクローゼットに吊るし、季節外のものは上のかごの中へ。

●バスルーム

バスルームには、赤・黄色・オレンジの何とも強烈な色のシャワーカーテンがかかっていました。それが鏡に映り、狭いバスルームが余計狭い印象に。

そこで、白が基調のシャワーカーテンに変え、バスマットも、その中の1色を取って薄いブルーに。全体が広い感じになり、清潔感が出ました。

クローゼットには、引き出しがないので、プラスティック製の引き出しを入れ、キャミソールや下着などは丸めてここへ。姪はたたむことが不得意なので、できる限りハンガーに吊るし、残りの季節外のものは上のかごへ。ここでも薄手のハンガーは大活躍です。

Before

After

色数を減らすことで、広さと清潔感を演出しました。

●ベッド回り

最後は、ベッド回りの改装です。

まずはベッドコーナーのインテリアから始めることに。ベッドカバーをまめにかけることは期待できないので、素敵な布団カバーを購入しました。ちょっと光沢のある白。その上に、ヒラヒラとした飾りが付いた、布団カバーと同じオフホワイトのクッションを2つ置き、ポイントとして緑色の同じようなテイストのものを置きました。

ベッドサイドには5000円足らずで購入した白い2段のチェストを置き、ナイトテーブルの替わりに。また引き出しの中には、ざっくりとパジャマを入れたり、ティッシュペーパーを入れたり、耳栓を入れたりと、寝る時に必要なものを収納することにしました。

Before

丸見えのコンセント、丸いプラスティックボックスにはヨガグッズやiPodなどが無造作に収納。ベッドには枕がわりの赤いクッションがさびしげにポツンとありました。

After

ベッド回りこそ癒しの工夫が必要です。姪の好きな白と緑で統一。ピローケースとクッション、布団カバーは温かみのある素材で統一。コンセントや雑多なものは5000円足らずで購入したチェストで目隠し。

姪が勉強に疲れて大学院から帰ってきた時に、きっとこの「ネスト」が彼女を癒してくれることと思います。今回のニューヨークでの「ネストづくり」は、姪の大喝采をもってめでたく終了いたしました。

Lesson 5

家族と自分を癒す「おもてなし」

家族にこそ、おもてなし

「おもてなし」というと、どなたかお客様をお招きする特別な日。そんなふうに考えている方が多いように思います。でも、私はいちばん身近にいる家族にこそ、おもてなしが必要なのではないかと思っています。最近は、共働きのご夫婦も増えています。子どもたちは塾でお弁当の夕食を食べたり。我が家のように子どもたちが巣立って夫婦だけになっても夫の帰りが遅いと、それぞれ孤食になってしまったりと、家族が揃うこと自体が「イベント」になっていることも珍しくありません。それなのに、あまりにも身

時間がない時は、できあいのお弁当やお惣菜に頼っていいと思います。ちょっとした心遣いだけで、食卓がおもてなしの食卓に変身します。

近な存在であるせいか、家族に対してぞんざいになっていないでしょうか？　一緒に過ごす時間が少ないのに、マンネリ化した気持ちを抱いてみたり……。もしそう感じた方は月に一度、それが大変だったら二ヵ月に一度でも、家族におもてなしをしてみてはいかがでしょうか？　大それたことはしなくていいんです。ちょっとした心遣いだけで、いつもの食卓が**幸せ色の食卓**に変身します！　私は時間がない時などは、デパ地下のお惣菜を買ってくることもあります。これにちょっとアイディアの魔法をかけるだけで、「ママの愛情がこもった一品」に。何もムリすることはありません。

私はかねがね、**おもてなしは換気のようなもの**、と考えてきました。ずっと昔から、いつもフレッシュな気持ちで過ごしたいと願ってきた私です。部屋の空気がよどんだら窓を開けて換気をするように、人との関係と自分そのものにマンネリを感じたら、おもてなしで新鮮さを取り戻してきました。そうすると、自分自身が楽しく幸せな気分になります。楽しい気分は必ず家族にも波及します。やはり主婦は家族の中の「太陽」なんですね。その太陽がいつも輝いている家庭は、きっと笑みの絶えることのない明るい楽しい家庭になることと思います。自分自身が楽しむつもりで家族をもてなしてみましょう。きっと素敵な時間が過ごせるはずです。「家族が喜ぶ顔を見るのが、こんなに嬉しいことだったなんて！」と思えたら、大成功です。

家族をもてなす「かんたんケーキ」

私は子どものころから、人並み外れて自分の誕生日が好きでした。還暦を迎える今でも、それは続いています。「今年こそ、騒ぐのはやめよう！」と心に誓っても……、デジタル時計が「9：21」を告げると、つい「あら、いい数字ねぇ〜」なんて言ってしまいます。

私が子どもだった昭和30年代。まだケーキを自宅で作ったりするのが珍しい時代でした。生クリームもお店で見かけることはなく、その存在すら知りませんでした。そんななか、誕生日になると必ずケーキを焼いてくれた母。ケーキの焼ける甘い香りは、子どものころの誕生日の楽しい思い出とともに、今でも忘れられません。友達を呼んでの誕生会も、いつも手作りケーキでした。母はメレンゲでバラの花びらを作って、デコレーションしてくれました。でも、それが友達の前に出るころには、見る影もなくしおれたバラになっていました。子ども心に、なんだか恥ずかしいなぁ〜と思ったものです。お友達の誕生会に呼ばれると、バタークリームでできた色とりどりの飾り。きれいだなぁ〜、私も売っているケーキがいいなぁ〜、といつも思っていました。娘も幼稚園のころ、「ねぇ〜、今度のお誕生日のケーキ、どんなのがいい？」と聞くと、「ママが作ったのじゃないのがいい」「…………」。そんな娘も少し大きくなると、「ママが作るケーキが最高！」と言うようになりました。先日嫁に、「小さい時、お母様が誕生日には、いつも汽車の形をしたケーキを作ってくれたって主人が言ってましたけど、どんなケーキだったんですか？」と聞かれました。今でもそんなことを覚えていた息子に、びっくりです。ケーキが焼きあがるのを待つ間の、あの幸せな感覚。食べた時の何とも言えないおいしさ。還暦を迎えた今でも、思い出すと心が温かくなります。ここでご紹介するケーキは、ボウル一つでできる簡単ケーキです。この「らくちんケーキ」が、ご家族の「幸せ時間づくり」に少しでもお役にたてれば、嬉しい限りです。

お菓子には無塩バター、お料理にはカルピスバター、パンに塗るのはカロリー控えめバターを……なんてしていると、バターだけでも冷蔵庫の中に、いくつもゴロゴロすることになってしまいます。クリスマスのころに、パリの小さなお料理教室に行った時のことです。クリスマスにふさわしく、鶏料理やチョコレートケーキなどを教えていただきました。

先生いわく、「鶏肉の水気なんかふきとる必要はないですよ」「お菓子にわざわざ無塩バターを使って、そのあとで塩をするなら、最初から普通のバターで十分」。「おっ、その考え方気に入った！」と、ズボラな私は心の中で拍手を送っていました。私も冷蔵庫の中のバターは一種類と、以前から決めていました。たしかに無塩バターを使って、後で微妙に塩分を調整するほうが、おいしいのかもしれません。お菓子作りの本を見ると、必ず「無塩バター」と書いてあります。でも、そこまで家庭では必要ないというのが私の考えです。気楽に、その辺にある材料で楽しく作るのが、私の考える家庭料理。家に帰り、ケーキの焼ける良いにおいがすると、もうそれだけで、幸せな気持ちになってしまいます。家庭で作るお菓子は焼きっぱなしで、簡単ヘルシーなもの。そのぶん、お店で買ったり、レストランでいただいたりする時には、凝ったものを。身構えず、楽しくお菓子作りを始めてみませんか？　喜んで食べてくれる人たちの笑顔を想像しながら……。

でも、時には体重計と相談することもお忘れなく。

＊お好みで粉砂糖を振ってもきれい。

★この他にマンゴーの缶詰、バナナ、ブルーベリーなど、中身を変えるだけでまったく違ったケーキに変身する。

家族をもてなす「かんたんケーキ」レシピ

同じ生地なのに、中に入れるもの
を変えるだけで別物に。

●型の作り方

アルミホイル3枚とクッキングシート1枚を一緒にたたみ、角を作る。
リンゴのケーキ：25cm×18cm
黄桃のケーキ：17cm×14cm

●生地の材料（一つ分）

バター	90g
砂糖	100g
卵	2個
薄力粉	120g
ベーキングパウダー	小さじ1/3

●作り方

《生地の作り方》

①ボウルに室温に戻したバター（レンジ600Wで20秒ほど加熱してもOK）をクリーム状になるようにヘラで混ぜる。
②①へ砂糖を入れ、よく混ぜる。
③②へ全卵2個を一つずつ入れては、ホイッパーでよく混ぜる。
④③へ薄力粉・ベーキングパウダーを振るいながら入れて粉っぽさが無くなるまで混ぜる。

《リンゴのケーキ》

①生地の中へ、芯を取り除き皮つきのまま8分の1に切ったリンゴ2個（紅玉などすっぱ目の物が良い）を5mm厚さに切って加え、よく混ぜる。
②作っておいた型に入れ、180度に予熱したオーブンで30分焼き、串を刺してついてこなければ出来上がり。
＊お好みで、胡桃やレーズンを入れてもおいしい

《黄桃のケーキ》

①黄桃缶詰（1缶固形量250g）の水分を切り、1切れだけ1cm角に切り、生地の入っているボウルに入れよく混ぜる。
②①を180度に予熱したオーブンで10分程焼く。
③その間に、残りの黄桃を薄切りにして、②の上に飾り、さらに25分焼く。
串を刺して、何もついてこなければ出来上がり。

自分への、おもてなし

忙しい暮らしの中で、ホッとできる癒しの時間を持つことができたら、毎日、もっとフレッシュな気持ちで過ごせるのではないでしょうか？

日常の中の「非日常」的な時間が、私の「自分に対するおもてなしの時間」です。たとえば、一人カフェで本を読む、そこでセミナーでお話しすることを考える、ただボーッとして道行く人たちやカフェにいる人たちを、勝手にストーリーを描きながらウォッチングする。そんな時間がとても癒されます。また最近、人生60年で初めて、身体を動かす楽しさを知りました。レッスンで忙しかった日は加圧トレーニングを受け、その後30分ほどウォーキングマシーンで歩くことのみに集中します。終わった時には頭の中はスッキリ、新たなパワーがみなぎっています。家にいては、電話がかかってきたり、家事のやり残しが気になったりと、心休まらないのが主婦なのかもしれません。でも、ひとたび家を出ると、そんな雑事を忘れて自分の時間を思い切り楽しむことができます。その究極の形が、「一人旅」。主婦にとって24時間を独占するのは至難の業。たとえ私のように子どもから手が離れても、一人暮らしではない限り、家族の誰かのために一日の数時間を使っているはずです。主婦にとって何時に起きてもいいし、どんな時間に何を食べようと、好きなお店でどれだけ過ごそうと、もしくは何もしないでボーッとしていても、誰にも何も言われないし、サボった家事がツケとして回ってくることもないなんて、夢のよう。これって、最高の「自分に対するおもてなし」です。のびのびとリラックスした心は柔軟さを取り戻して、普段気がつかないことに気がついたり、忘れていた感動を呼び覚まされるに違いありません。それだけ心にゆとりができるのです。そんな時間を過ごした後、日常に戻った時に、ふとした日々の暮らしがとても愛おしく思えるものです。そうは言っても、「一人旅」は年中できるものでもありません。時には「一人旅」で究極のリフレッシュをしつつ、毎日の生活の中で、たとえたった10分でも「私」で居られる時間を持つことができたら、きっと毎日がフレッシュに見えてくるはずです。**自分をもてなすことで、いつも家族に対しても笑顔でいることができる**のかもしれません。

2011年はドイツのハイデルベルグへ一人旅。この時、ドイツの家庭料理を習い、早速私なりにアレンジして、レッスンでお出ししました。

▍自宅でおこなうレッスン風景。

▍季節のおもてなしレッスンも人気です。

居ながらにして、いろいろな人との出会いがあること。いつか私も、そんな教室をしてみたいなぁ〜と思ったものでした。でも、まだ子どもたちが小さかったこともあって、教室を開くことは、夢のまた夢。そして、その思いはいつの間にか忘却の彼方へ……。娘の小学校入学をきっかけに、児童英語の教室を始めました。うちの子どもたちも生徒の一員になっての、細々としたスタートです。初めてのレッスンが終わった後の爽快感。今でもはっきりと覚えています。子育てや家事のことが、つねに頭から離れなかった当時の私。でも、レッスンをしている1時間は、まったくそのことは頭の中から消えていました。ただただ楽しいレッスンをすることだけで、頭はいっぱい。終わった時には気分はすっかりリフレッシュ、思わず犬を連れて家の近くを走り回ってしまいました。それから10年、児童英語の教室を続けました。生徒の人数も、徐々に増えて、辞めるころには、一週間に50名程度の子どもたちが通っていました。私の教室に通い始めたころ、まだ3歳だった子どもたちも13歳に。「歌っ

Column

何気なくやっていたことで変わる、あなたの人生
～私がサロンを開いた経緯

サロンを開いて16年目になります。始めたころには「サロン」という言葉さえ、なんとなく、耳慣れない響きがありました。今やサロネーゼという言葉も徐々に広まり、サロンを開いている方やこれから開きたいと考えている方も、たくさんいらっしゃるようになりました。「ハウスキーピングの教室」を開きたいと最初に思ったのは、子どもたちが幼稚園に通っていた四半世紀ほど前にさかのぼります。幼稚園のお友達のおばあちゃまが、ご自宅を開放して、「ハウスキーピング」を教えていらっしゃいました。お宅拝見が当時から大好きだった私は、さっそく通うことに。どことなく外国の香りがするそのお宅は、表参道にありました。大正生まれでいらした先生は、その時代には珍しい「帰国子女」。結婚なさった後も海外生活が長かったそうです。海外で培われた合理的なハウスキーピング術を、ご自宅の中を実際に見せながら教えてくださいました。私には、すべてが新鮮で、まさに目からうろこが落ちるレッスンでした。自分の生活を人に見せることがレッスンになるということ。自宅に

▍留学生を招き、楽しいパーティレッスンも。

の何気なくやってきたことなのかしら？　となんとなく思ったものです。そんな行き詰まりを感じ始めたころ、家を建てて引っ越すことになりました。送り迎えにいらした生徒さんのお母様たちに、「先生、ぜひ新しいお宅を見せてください」と言われ、お見せすると、「何でこんなにいつもきれいにされていられるんですか？　英語だけじゃなくて、お片付けの教室も開いてください」。その言葉を聞いて、以前そんな教室をしたかったことを思い出しました。そこで早速、ハウスキーピングサロンを開講することに。1クラス4名、月に1クラスからのスタートでした。「教えてください」と言っていた、生徒さんのお母様たちも実際にいらしてくださったのは1人。今のようにブログ等がなかった時代です。スーパーに張り紙をしたり、犬の散歩の道すがらポスティングしたり……。ふと思い立って、以前から好きで読んでいたインテリア雑誌の編集長あてに、自宅の写真とレッスンのことを手紙に書いて送ることにしました。それが、たまたまブライダルの企画を立てていた編集長の目にとまり、7ページのて・踊って・ゲームして」と楽しく教えることに、ちょっと限界を感じ始めていました。ちょうどそのころ、個人で児童英語を教えている先生たちの集まりがあることを知りました。定期的に集まって、教え方のアイディアを教えてもらったり、新しい教材の紹介やアメリカの文房具などの販売コーナーもありました。その中でお友達になった、ご近所に住む先生は帰国子女。英語は日本語よりも得意なうえに教え方も上手。しかも惜しげもなく、自分で考えたいろいろなアイディアを教えてくれました。こんな先生に教えてもらう子どもたちって、本当に幸せだわ〜と思ったものです。同時に私が教えることに、軽い罪の意識すら持つようになってきました。彼女を自宅にお呼びすると、「なんでヨシエの家は、こんなにシステマティックにきれいになっているの？」。それまで、何気なくやってきたことに驚いてくれることが、私には驚きでした。たしかに、以前彼女のお宅へお邪魔した時、家の中は雑然とした印象だったことを思い出しました。私に彼女より得意なことがあるとすれば、それはこ

▍パリで一人暮らしを楽しみながら、お料理の勉強。

特集記事を組んでくださることに。それをきっかけに、遠くからの生徒さんが徐々に集まるようになりました。また、その記事を見た別の雑誌社からも連絡があったり……。芋づる式に、少しずつ広がっていきました。時には、自分はここでこんなことをしていま〜す、とアピールすることも大切なのかもしれません。手を振らなければ、陸の孤島にいる人間には、誰も気がついてくれません。今までお話ししたようなことが、私がサロンを開くまでと開いてからの簡単な経緯です。**自分が当たり前と思ってやっていることが、他の人には特別なことなのかもしれません**。自分自身をもう一度見つめなおして、自分は何が得意なのか？　を見つけることが、次への一歩を踏み出すことに繋がると思います。

Lesson 6
いつも笑顔でいるために……「幸せの3ヵ条」

幸せの連鎖とは？

今まで、自宅をどうやって居心地のよいネストにしていくか？　というハード面のお話をしてまいりました。たしかに家の中が、いつもそこそこきれいに片付いていて自分好みのインテリアに囲まれていたら、そこはあなたにとってもご家族にとっても、きっと居心地のよいネストになることでしょう。でも居心地のよい**「ネストづくり」にいちばん肝心なこと、それは家族みんなの笑顔だと思います。**

冗談を言い合って、たわいもないことで笑える、やわらかな空気。その空気を作るのは、家庭ではやはり中心的存在の妻や母親だと思います。**妻や母親がいつも笑顔でいると、家族も楽しい気持ちになって、その家族と会った人にも笑顔が広がります。**

そうとわかっていても、人間いろいろな時があります。いつも笑顔でいるというのも、難しいことかと思います。かなりおめでたい性格といわれる私でも、やはりいつも笑顔を絶やさず……というわけにはいかないのが現実です。

そこで、できるだけいつも自分自身を「幸せモード」にしておくために、「幸せの3ヵ条」を考えてみました。欲張らずに3にしたのは、3つくらいならいつでも簡単に思い出せるからです。

①笑い

我が家の子どもたちは年子です。付き合いのいい兄は、娘と大学受験が一緒になってしまいました。家の中に2人の受験生がいると、なんとなく重苦しい空気が流れます。そんな時、ふと目にしたのが「サラリーマン川柳」。

〜金かかる、中途半端な子の頭〜

これを読んだ私は、「まさにこれって我が家のことだわ！」と思うと同時に、声をあげて笑ってしまいました。頭のいい子は放っておいてもちゃんと自分で勉強します。お勉強が全然できなければ、それはそれで勉強は諦めて、別の道を考えます。でも、諦めがつかないのが、「中間層」。そこで、塾に行かせたり、家庭教師を付けてみたり……お金がかかるんです。この川柳を読んで、「私だけじゃないんだわっ」と思えた瞬間、それまで頭の上に重くのしかかっていた何かが吹っ切れるのを感じました。物事いつも真正面からだけとらえていると、だんだんと視野が狭くなってきて自分で自分の首を絞めていってしまいます。でも、ちょっと見方を変えると、パーッと視野が広がって、何でそんなことで悩んでいたのかしら？　と思えることもしばしばあります。中高年の星といえば、綾小路きみまろさん。彼がブレークしたのは、きっと中高年が抱えている深刻な問題、たとえば「迫りくる老ぃ」「倦怠期に入った熟年夫婦の悩み」などを笑いに変えているところなのだと思います。「あら、まだうちのお父さんのほうがましかも……、これってうちのことかしら？」「そうなのよねぇ、最近もの忘れ確かにひどいけど……、でもこの話の人よりましかも」と、きみまろさんのライブを笑い転げながら聞いているうちに、いつものストレスはどこへやら。会場を後にする時には、気持ちがスッキリとリセットされて、楽しい気持ちで毎日の生活に戻っていくことができます。

笑いには、今まで暗いモードに入っていた心のスイッチを切り替える、不思議な力があります。毎日の生活の中で、何かおかしいことないかしら？　と心のスイッチをセットしておくと、結構笑えることとって、その辺に転がっているものです。

日常生活の中に笑いを見つける「訓練」、ぜひご一緒にしてみませんか？

②形

形状記憶スーツ・形状記憶メガネなど、「形状記憶」という言葉をよく耳にします。人の表情にも「形状記憶」があるのでは、と思うようになりました。電車に乗った時、前の席に座っている人たちをウォッチングするのが好きな私。写真を撮る時にはみなさん、特別いい顔をします。でも、何も考えずに電車の席に座っている時こそ、その方がどんなふうに今まで生きてこられたかが顔に出るものです。そこで発見したのが、口角が上がっている方が本当に少ない、とくに歳をとればとるほど重力に負けて、すべての表情は下へ下へと下がっていってしまうということです。ウォッチングを始めてこのかた、口角がキュッと上がったおばあさんには、いまだにお目にかかったことはありません。私は、口角がキュッと上がったおばあさんを目指して、いつも意識して口角を上げるように心がけています。すると、どうでしょう。**気持ちまで楽しく前向きになれるから不思議です。**

みなさま、これもぜひなさってみてください。きっと幸せがあなたのほうへと近づいてくるはずです。こんなことを偉そうにお話ししている私ですが、まだまだ修行の身。ふと気がつくと、思いっきり口角が下がっていたりします。ぜひ口角が上がった状態を形状記憶させたいと、日夜励んでおります。

③心の開放

遅ればせながらこの私、「還暦」を迎えるこの歳になって、ようやくだれにでも心を開放してお付き合いすることができるようになりました。それまでは、とても臆病で、裸の自分を曝《さら》け出して傷つくのがとっても怖かったんです。ごく一部の人だけにしか、素の自分を見せることができませんでした。今の仕事を始めて16年。いろいろな方と出会う機会が多くなりました。人に接するたびに、少しずつ自分自身を包んでいたベールがはがれていくことを実感しました。また、歳を重ねて、「自分を実力以上に見せよう」という気持ちがなくなってきました。

どうあがいても、私は私。このままでいようと思えるようになってきました。自然体でいると、心にもゆとりが生まれ、すんなりと人を受け入れることができるようになってきます。いろいろな方と裸で接すると、やはり傷つくこともあります。そんな時は、また昔のように殻に閉じこもってしまいたい……、と思うことも。でも、それでは何も人から学ぶことはできません。

そこで、臆病な私なりの秘策が……。もし心の中に部屋があるとしたら……、価値観は違うけれど、私にはない素晴らしいところがある方は、「玄関までの人」。価値観もかなり近くて、一緒にいて楽しい方は「リビングまでの人」。何でも話せる親友は「寝室までの人」。「玄関よりのリビングまでの人」、「寝室に限りなく近いリビングまでの人」などさまざまです。寝室にごく近いリビングまでの人、と思っていた方から傷つくような言葉を言われた時のショックは大きいものです。でも、その方とお付き合いをやめてしまうことはしません。それぞれの方には、私にはない魅力的なところがたくさんあるからです。そこで寝室よりのリビングから、玄関よりのリビングへとお引っ越しをしてもらいます。

それが、不器用な私の、人との距離の取り方です。

いろいろな方と心を開放して接することで、毎日の生活にも張りが出て、自分自身も成長することができるのではないかしら、と思える今日このごろです。

エピローグ

優しさに満ち溢れた社会を作っていく基本は、「家庭」

最後までお読みいただきまして、ありがとうございました。

この本を通して、「ネストづくり」の大切さをみなさまにお伝えすることができましたら、こんなに嬉しいことはありません。

最近ますますエスカレートするいじめ。盛り場をあてもなくうろつく若者たち。そんな子どもたちに、もし心安らぐネストがあればこんなことにはならなかったのでは……。

子どものころから無条件で自分を受け入れてくれる場所があれば、人はけっして間違った方向に行ってしまうことはないのではないかしらと思います。

「三つ子の魂百まで」という言葉がありますが、小さい時に受けた心の傷は、大人になってもその人を苦しめ続けることがあります。幸せな子ども時代は、これから始まる人生の、大切な導入部分です。太陽の光を燦々《さんさん》と受けた植物が、まっすぐに伸びていくように、愛情をたっぷり受けて育つと、たとえさまざまな問題に直面したとしても、しっかりと心の根を張って、力強く生きていけるのではないでしょうか。

優しさに満ち溢れた社会を作っていく基本は、家庭にあると思います。社会の最小単位の家庭を作っていく中心は主婦私は、この本の中で幾度となく申し上げてまいりましたが、**主婦業は素晴らしいもの、かけがえのないものだ**と信じております。

私自身、30年以上主婦をしてまいりました。その間何度か迷い道に立たされ、また30年以上夫婦をやっていると、いい時ばかりではありません。倦怠感を感じ、なんとなくぎくしゃくしたこともあります。子育て中も、迷うことが多々ありました。

そんな迷い道の中で自分の進む道を選択する時に、いつも譲れない大切なことがありました。それは、家族みんなにとって「居心地のよいネスト」を作ること。いつも、そのことを考えて、道を選択してきました。もしその時に、感情の赴くままに進んでいたら、気がついた時には私が望んでいた幸せな「ネスト」はできていなかっただろうと思います。

幸せというのは人から与えられるものではありません。今ある現状を受け入れて、そこから自分の理想とする方向へ歩き出すと、少しずつ自分が思い描く「幸せ」に近付いていくのではないでしょうか？　幸せは自分で呼び込むもの。けっして人から与えられるものではない、というのが私の考えです。人から与えられることを待っていると、期待どおりに動いてくれない状況に不満が生まれます。口を衝いて出てくる言葉は、「こんなにしてあげたのに、何にもしてくれない」。〝のにくれない族〟になってしまいます。

私の30年ほど先を歩いている母やそのお友達を見ると、楽しい80代を送っている人たちには共通項がいくつかあることに気がつきました。

まず、「自分で自分を楽しませる方法を知っていること」。母のお友達に85歳の今でも、年に何度も海外旅行に、それも人の行かないような秘境にいらっしゃる方がいます。その方の目はいつもきらきらと輝いていて、精神的な若さを保つのには旺盛な好奇心が大切なのだということを教えられました。

次の共通点は、「おしゃれ心を忘れない」。私の母の話で恐縮ですが、87歳になる今でも、毎日朝起きると髪をセットして、お化粧をきちんとし、着るものにも絶えず気を遣っています。「女」でいることをやめると、男の人よりも髭をそらないで済む分、身支度は早くなります。さっきまで着ていたパジャマから、傍目には代わり映えのしないジャージの上下に身を包んで、すっぴんで一日過ごしたら、こんなに楽なことはありません。でも、せっかく「女」に生まれたからには、90歳過ぎても「女」としての魅力がある人でいたいと、つねづね思っています。

最後の共通点は「足るを知る」こと。

人はそれぞれ生まれながらに与えられた、その人の持ち札があると思います。「どんな家に生まれたか」「どんな人と結婚するか」（結婚相手は換えることができます。でも、子どもを授かったら、私は〝お取り換え不可〟と考えています。それにはいろいろな考え方があるとは思いますが……）「どんな子どもを授かるか・授からないか」「自分自身の能力」。

その与えられた持ち札を最大限活用した人が、きっと人生の勝者になれるのだと思います。いくら他人の持ち札を羨《うらや》んでも、自分にとっては何にもプラスにもなりません。

自分にしかない素晴らしい持ち札を見つけるのは、他でもないあなた自身です。それを最大限に活かせたら、きっと素晴らしい未来が開けることと思います。

ネストづくりの中心的な存在になる人が、充実して楽しく暮らしていること。それが居心地のよいネストづくりにはいちばん大切だと思います。

この本をお読みいただきましたみなさまの毎日が、輝きに満ちた楽しい日々になることを心より願っております。

２０１２年11月　市川吉恵

市川吉恵　いちかわ・よしえ

1952年東京生まれ。「おしゃれな暮らし方サロン」主宰。元祖サロネーゼと呼ばれ、レッスンには多くの女性たちが全国から集まる。生徒が抱える子育て中の悩み相談にも気さくに応じるその人柄に、クチコミで人気が広がり、受講者は2万人を超える。慶應義塾大学文学部美学美術史学専攻を卒業後、アメリカ・オハイオ州ウースター大学へ留学。帰国後、エグゼクティブな外国人を対象に日本語教師として活躍。結婚、出産を経て児童英語教室を自宅にて開講。1997年より「エレガント・ハウスキーピングサロン」を開講。 2001年より「気楽なおもてなしサロン」を新設。2006年ホテル・リッツ・パリ「料理部門」にて、ディプロマ修得。現在各メディアで活躍中。

おしゃれな暮らし方サロン　http://madam-ichikawa.com/

マダム市川《いちかわ》の癒《いや》しの家《か》事《じ》セラピー
手《て》間《ま》をかけずに美《うつく》しい空間《くうかん》づくり

2012年11月26日　第1刷発行

著者　市川吉恵《いちかわよしえ》

カバーデザイン　こやまたかこ
本文デザイン　きよさわあつし（ユニグラフィック）
イラスト　伊藤美樹
撮影（市川邸）　大坪尚人
編集協力　前中葉子
企画編集　依田則子

発行者　鈴木 哲
発行所　株式会社講談社
〒112-8001 東京都文京区音羽二丁目 12-21
電話　出版部　03-5395-3522
販売部　03-5395-3622
業務部　03-5395-3615
印刷所　慶昌堂印刷株式会社　製本所　株式会社国宝社

© Yoshie Ichikawa 2012,Printed in Japan
定価はカバーに表示してあります。落丁本・乱丁本は購入書店名を明記のうえ、小社業務部あてにお送りください。送料小社負担にてお取り替えいたします。なお、この本についてのお問い合わせは、学芸局学芸図書出版部あてにお願いいたします。本書のコピー、スキャン、デジタル化等の無断複製は著作権法上での例外を除き禁じられています。本書を代行業者等の第三者に依頼してスキャンやデジタル化することはたとえ個人や家庭内の利用でも著作権法違反です。Ⓡ〈日本複製権センター委託出版物〉複写を希望される場合は、事前に日本複製権センター（電話 03-3401-2382）の許諾を得てください。
ISBN978-4-06-217654-5　N.D.C.148.5　151p　20㎝